ココミル

cocomiru

箱根

すてきな思い出
作りましょ♪

絶景を望む温泉、
くつろぎの老舗宿、
さまざまな宿が揃うのが魅力です

上：ホテルグリーンプラザ箱根の露天風呂(P17)／右：創業当時の富士屋ホテル(P116)

温泉、絶景、アート……
箱根は楽しみ方満載エリアです

左から：松坂屋 本店の貸切露天風呂(P19)／ひがな湯治 天山の女湯露天風呂(P21)／
箱根・芦ノ湖 はなをりの水盤テラス(P114)／界 仙石原の客室(P113)

上：芦ノ湖を進む箱根海賊船
(P78)／右：大パノラマが楽し
める箱根ロープウェイ(P56)

芦ノ湖を中心にして
アクティビティを楽しみましょう。
開運スポットも人気です

上：ニコライ バーグマン 箱根 ガーデンズ(P60)
下：アジサイの中を走る箱根登山電車(P40)

右：今もなお火山活動
が続くダイナミックな景
勝地、大涌谷(P58)／
下：箱根神社の平和の
鳥居(P82)

大涌谷

個性豊かな美術館が集まる箱根。
至宝のコレクションにふれましょう。
自然の中でのアート鑑賞はいかが？

彫刻の森美術館のステンドグ
ラスが美しい『幸せをよぶシン
フォニー彫刻』(P52)

右：彫刻の森美術館の
「ネットの森」(P53)／
下：箱根ガラスの森美
術館(P68)

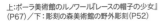

上：ポーラ美術館のルノワール『レースの帽子の少女』
(P67)／下：彫刻の森美術館の野外彫刻(P52)

上：Bakery&Table 箱根の店内（P80）
右：Café de motonamiのパフェ（P100）

Cafe KOMON「湖紋」
の七福だんご（P101）

こだわりのカフェで
芦ノ湖を眺めながらコーヒータイム。
オーベルジュの料理も楽しみです

プレミアムショップ＆サロン・ド・テ
ロザージュのテラス（P81）

下左：グリーンヒルズ草庵のランチコース（P93）
下右：アルベルゴ バンブーのランチコース（P92）

ポーラ美術館のモネ『睡蓮の池』（P66）

箱根ってどんなところ?

奈良時代に開湯した 都心から最も近い温泉リゾート

1200年以上の歴史のある温泉郷、箱根。江戸時代の庶民が温泉を観光として発展させ、明治時代には西洋式ホテルが開業、外国人観光客で賑わった。箱根には20の温泉地があり、泉質や効能は多種多様。宿はもちろん、日帰りで利用できる立ち寄り温泉施設も充実している (☞P14)。

140年以上の歴史を誇る富士屋ホテル (☞P116)

おすすめシーズンはいつ?

アジサイが見頃を迎える 初夏がイチオシです

春夏秋冬に魅力があり、四季折々の景観を楽しめるが、特におすすめは6月中旬〜7月中旬。箱根登山電車 (☞P40) の車窓から眺める、色とりどりのアジサイに彩られた沿線風景は箱根ならでは。また、芦ノ湖クルージング (☞P78) など、アウトドアを満喫するのにもぴったりの季節。

沿線に咲くアジサイの間を走る箱根登山電車 (☞P40)

箱根へ旅する前に 知っておきたいこと

箱根は毎年多くの人が訪れる人気の温泉リゾート。温泉、歴史、自然、アートなど、魅力がいっぱい。箱根へ旅立つ前にチェックしておきたい情報を集めてみました。

どうやって行く？

東京方面からは新宿発の
小田急ロマンスカーで約90分

新宿駅から箱根湯本駅まで小田急ロマンスカーなら最速1時間15分。乗換えなしでアクセスできる。経済的なのはバスタ新宿発の小田急ハイウェイバス。東京・横浜からドライブなら小田原厚木道路を利用して箱根湯本、または東名御殿場ICから仙石原、桃源台へのルートが一般的（☞P127）。

小田急ロマンスカーには展望席が設置されているものも

観光にどのくらい時間がかかる？

日帰りでも充分可能。
温泉に浸かるならゆっくり滞在を

東京や名古屋から電車で約1時間30分の箱根。日帰りでも充分楽しめるが、温泉が目当てなら時間を忘れてのんびり過ごしたいもの。宿泊施設が数多く揃う箱根では、純和風旅館からリゾートホテルまで宿のタイプもさまざま。予算や立地など、目的に合った宿を探してみよう（☞P108〜）。

温泉の後は湯上がり処でくつろいで

箱根＋もう1日観光するなら？

ひと足のばして近郊の町
小田原へ行きましょう

箱根のゲートタウン小田原は、江戸の宿場町として栄えた城下町。小田原城は北条氏の居城となった国指定の史跡だ。駅直結の「ミナカ小田原」（☞P121）には、小田原のグルメやおみやげが勢揃い。小田原漁港周辺にも新鮮な海鮮グルメを堪能できるスポットが充実している（☞P124）。

小田原城（☞P120）は国指定史跡。周辺は公園として整備され、市民の憩いの場

旧街道沿いの甘酒
茶屋（☞87）で一服

箱根で行きたいスポットは？

歴史の面影を残す町並みは必見
個性豊かなミュージアムも充実

関東総鎮守・箱根神社（☞P82）や箱根関所のある芦ノ湖周辺、江戸時代の旅人が行き来した箱根旧街道（☞P86）は、箱根の歴史を感じられるエリア。宮ノ下では、明治・大正時代のレトロ感を味わえる。また、大小さまざまなミュージアムを巡るのも楽しい。

江戸時代の歴史を伝える
箱根関所（☞P84）

ピクニック気分で回
れる彫刻の森美術館
（☞P52）

Bakery&Table 箱
根（☞P80）は芦ノ
湖が目の前に

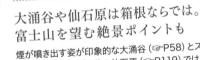

箱根らしい風景に出合えるのは？

大涌谷や仙石原は箱根ならでは。
富士山を望む絶景ポイントも

煙が噴き出す姿が印象的な大涌谷（☞P58）とススキの草原が広がる秋の仙石原（☞P119）では、箱根の大自然が満喫できる、富士山を望むビュースポットもおすすめ。特に人気なのが元箱根港付近。港はもちろん、湖畔には芦ノ湖を望むレストランやカフェが点在している（☞P80）。

ぜひ乗ってみたい乗り物は?

絶景が楽しめるロープウェイや芦ノ湖を遊覧する海賊船も

大湧谷を眼下に
迫力満点の
箱根ロープウェイ

山道を走る登山電車や急勾配を登るケーブルカーなど、多種多様な乗り物も箱根の魅力のひとつ。箱根ロープウェイ（☞P56・79）で空中散歩をしたり、芦ノ湖を行き交う船のなかでもひと際目を引く箱根海賊船（☞P78）で湖上遊覧を楽しもう。

ミネラル豊富な水が
味を引き立てる

箱根でぜひ味わいたいのは?

箱根の名水が生んだ名物のそば&豆腐料理

山々に囲まれ、おいしい湧水が豊富なことで知られる箱根の名物といえば、良質の水がカギとなるそば（☞P94）や豆腐料理（☞P96）。客足が絶えない豆腐料理の名店から、一品でも気軽に注文できるそば店まで、予算や気分に合わせて選べるのもうれしい。食べ比べてみてはいかが。

おみやげは何がいい?

定番は伝統工芸の寄木細工。和菓子や名物パンもおすすめ

寄木細工（☞P106）は、江戸時代から受け継がれてきた箱根ならではの伝統工芸品。複雑な幾何学模様に組み合わせた作品はまさにアート。また、箱根湯本商店街（☞P38）にはさまざまな店が軒を連ねているので、散策がてらお気に入りのおみやげを探すのも楽しい。

職人が手作業で
作る寄木細工

箱根に
到着！

10:30 箱根湯本駅

新宿駅から小田急ロマンスカーに乗車。約1時間30分で箱根湯本駅（☞P36）に着く。

箱根湯本から箱根登山電車に乗車。地上約40mの早川橋梁（☞P41）を通過。

著名人の写真
がいっぱい

宮ノ下
11:00 セピア通り

ノスタルジックな宮ノ下セピア通り（☞P48）をのんびりお散歩してみよう。

11:10 富士屋ホテル

箱根の名宿・富士屋ホテル（☞P48）は、花御殿をはじめ豪華絢爛な建物も必見。

NARAYA
12:30 CAFE

お散歩の後はカフェ（☞P49）で足湯に浸かりながらランチ。

ひょうたんの形がかわいいパンが付く本日のスープセット680円。

13:30 彫刻の森美術館

広大なオープンエアミュージアム（☞P52）で野外彫刻やピカソ作品を鑑賞しよう。

芝生広場の「ポケっと。」には、一緒に撮影できるユニークな作品を展示。

箱根ガラスの森
15:30 美術館

仙石原に移動して、日本初のヴェネチアン・グラス専門の美術館（☞P68）へ。

独創的なデザインの作品が揃う現代ガラス美術館も見ごたえあり。

17:00 箱根本箱

強羅にあるブックホテル（☞P110）に到着。館内のいたるところで読書を楽しめる。

おやすみ

ハンモックに揺られたり、温泉に浸かったり。明日に備えて疲れを癒やそう。

1泊2日で
とっておきの箱根の旅

みどころを押さえた1泊2日の王道ルートをご紹介。
登山電車やロープウェイなど、箱根ならではの乗り物で
絶景を眺めながら箱根の名所をぐるっと回りましょう。

おはよう

箱根登山
10:00 ケーブルカー

まずはケーブルカーに乗り、強羅の急こう配を登って早雲山駅を目指す。

ナイスビュー

10:10 cu-mo箱根

早雲山駅2階にある展望スポット（☞P57）。目の前には明星ヶ岳の大文字焼が。

箱根
11:00 ロープウェイ

箱根ロープウェイ（☞P56）で空中散歩。眼下には大涌谷の噴煙地が広がる。

11:30 大涌谷

立ち上る噴煙が迫力満点。時間があれば、大涌谷自然研究路（☞P59）を散策。

大涌谷グルメ

12:00 極楽茶屋

大涌谷にちなんだ黒い麺が特徴の赤池地獄の黒ラーメン。（☞P59）

13:00 箱根海賊船

桃源台から箱根海賊船（☞P78）に乗り換え、芦ノ湖クルーズに出発！

追加料金で利用できるクイーン芦ノ湖の特別船室。前方に専用デッキもある。

14:00 箱根神社

元箱根港で下船したら、武士も崇敬した箱根の守り神へお参り（☞P82）。

フォトスポット

湖畔に立つ平和の鳥居は、芦ノ湖のシンボル的存在。記念撮影をお忘れなく。

Bakery&Table
15:30 箱根

芦ノ湖ビューのカフェ（☞P80）に立ち寄ってひと息つこう。テラスには足湯も。

2階では芦ノ湖フロートやベーカリーで購入したパンなどを味わえる。

おつかれさま！

16:30 箱根湯本駅

箱根湯本まで戻って、駅前の箱根湯本商店街（☞P38）でおみやげ探し。

ついでにココも
行ってみよう

3日目 はひと足のばしてみませんか？

江戸時代の宿場町、北条氏の城下町
小田原で特産品を探そう

小田原は江戸時代に栄えた城下町。小田原城址公園周辺を中心に、みどころも多い。また、梅干しや、かまぼこ、干物などの海産物のほか、日本のういろう発祥の名店「ういろう」など、名産品が数多く揃う。朝どれの地魚を使ったグルメも見逃せない（☞P120・124）。

ココミル✛
cocomiru

箱根

Contents

●表紙写真
Bakery&Table箱根のパン（P80・102）、箱根神社の平和の鳥居（P82）、Bakery&Table箱根の芦ノ湖フロート（P80）、界 仙石原の客室露天風呂（P113）、箱根丸山物産本店の寄木マグネット（P107）、プレミアムショップ＆サロン・ド・テ ロザージュのテラス席（P81）、アジサイの中を走る箱根登山電車（P40）、彫刻の森美術館の幸せをよぶシンフォニー彫刻（P52）、仙石原のススキ草原（P119）

〈マーク〉

観光みどころ・寺社
プレイスポット
レストラン・食事処
居酒屋・BAR
カフェ・喫茶
みやげ店・ショップ
宿泊施設
立ち寄り湯

〈DATAマーク〉

☎ 電話番号
住 住所
¥ 料金
開 開館・営業時間
休 休み
交 交通
P 駐車場
送 送迎の有無
MAP 地図位置

「絶景日帰り温泉 龍宮殿本館」の女性用露天風呂（☞P17）

「箱根湯寮」の2名用貸切個室露天風呂「菫」（☞P20）

「ひがな湯治 天山」のお休み処「ざしきぼっこ」（☞P21）

「Ginyu Spa」ではオリジナルブレンドのオイルを使用（☞P24）

オイルの香りも癒やしです。「スパ モンターニュ」（☞P25）

目の前の景色と檜の香りに癒やされる「かよい湯治 一休」の内湯（☞P21）

「湯本富士屋ホテル」の男性用露天風呂（☞P22）

「川涌の湯 マウントビュー箱根」の貸切露天風呂「めだか」（☞P18）

目の前に富士山を望める「ホテルクリーンプラザ箱根」の露天風呂（☞P17）

幻想的な「天成園」の露天風呂は長さ17mものスケール（☞P16）

魅力はバリエーション豊かな温泉。
日帰り温泉で極上スパタイムを

大自然を眺めながら入る温泉、
ビューティーアップが期待できる温泉、
老舗温泉宿からリゾートホテルまで
箱根の温泉はバリエーション豊かです。

森林浴も楽しめる露天風呂、絶景自慢のお湯に浸かりましょう

露天風呂に入るなら、どんな景色が見えるかが気になります。
雄大な山々に囲まれた箱根らしい絶景の湯を探してみました。

この風景が最高!
頭上を遮るものがなく、さわやかな風と周囲の緑とともに箱根の湯を満喫できる

箱根湯本

てんせいえん
天成園

滝のある庭園と大自然が魅力

与謝野晶子も愛した「玉簾の瀧」を配した庭が自慢のホテル。美肌の湯として知られる3本の自家源泉をもち、日帰り入浴は23時間楽しめる。秋の紅葉、新緑、夏空、冬景色と、四季折々の箱根の大自然にふれながら、長さ17mという屋上天空大露天風呂や貸切風呂、内湯を堪能できる。☎0460-83-8511 **住**箱根町湯本682 **時**10時〜翌1時 **休**年1〜2回のメンテナンス休あり **交**箱根湯本駅から徒歩12分 **P**170台 **泉質**:アルカリ性単純温泉 **MAP**P134C2

╔════════════════════╗
立ち寄り料金
2530円
24時以降は深夜料 1650円追加
入湯税別途 50円、12歳未満は非課税

- ✛ 露天風呂 2 ✛ 内湯 2
- ✛ 貸切風呂 12
- ✛ 休憩室 ○ ✛ 食事処 ○
- ✛ シャンプー ○
- ✛ 石けん／ボディソープ ○
- ✛ フェイスタオル ○
- ✛ バスタオル ○
- ✛ ドライヤー ○
╚════════════════════╝

❶長さ17mものスケールを誇る屋上天空大露天風呂 ❷リクライニングチェアを50台完備したリラックスルーム（仮眠室）❸お食事処では、豪華な御膳料理から麺類、アルコールやおつまみなど、メニューが充実。写真はすくも御膳2750円

🔴温め効果 🔵角質落とし 潤潤いを与える 血流血流UP 白美白効果 肌の引き締め 肌すべすべ

湯浴みのあとに、気軽なランチはいかが？

「絶景日帰り温泉 龍宮殿本館」の食事処「富士の間」では、箱根姫の水たま肌もめん湯豆腐ご膳2600円などを味わえます。入浴と貸切個室8時間の利用、食事のセット9900円もあります。

【元箱根】

ぜっけいひがえりおんせん
りゅうぐうでんほんかん

絶景日帰り温泉
龍宮殿本館

芦ノ湖と富士山を望める贅沢

「絶景日帰り温泉」と銘打つだけあって、湯に浸かりながら芦ノ湖と富士山の景観を同時に楽しめる。湯は箱根十七湯のなかで一番新しい「蛸川温泉」。美肌や神経痛、筋肉痛、関節痛に効果があるという。貸切個室やマッサージなども充実しているので家族連れや女性に人気。

☎0460-83-1126 住箱根町元箱根139 ◯9～20時（土・日曜、祝日は8時～）休無休 交バス停元箱根からシャトルバスで10分 P100台 ●泉質：ナトリウム・カルシウム－硫酸塩泉・塩化物泉 MAP P140A3

この風景が最高！
青空の眺望もすばらしいが、富士山が茜色に染まる夕景も格別の趣がある

◯芦ノ湖の自然と一体となったダイナミックな景色を堪能できる女性用露天風呂。富士山のシルエットが浮かぶ夕景も幻想的 ◯2022年4月にオープンした男性用露天風呂からも富士山が見える ◯貸切個室が4室ある。2時間4400円～

···立ち寄り料金···
2030円
- 露天風呂 2　　÷ 半露天 1
- 貸切風呂 0　　÷ 内湯 2
- 休憩室 ○　　　÷ 食事処 ○
- シャンプー ○
- 石けん／ボディソープ ○
- フェイスタオル 110円
- バスタオル 220円
- ドライヤー ○

この風景が最高！
周囲に建物がないので富士山がはっきり見える。時間や季節によって変わる表情に注目を

雄大な富士山を望む大浴場の露天風呂

▲サウナ付き温泉大浴場

···立ち寄り料金···
1600円
- 露天風呂 ○　　÷ サウナ 2
- 貸切風呂 ○　　÷ 内湯 2
- 休憩所 ○　　　÷ 食事処 ○
- シャンプー ○
- 石けん／ボディソープ ○
- フェイスタオル ○
- バスタオル ○（希望者のみ）
- ドライヤー ○

【仙石原】

ほてるぐりーんぷらざはこね

ホテルグリーンプラザ箱根

富士山を望む絶好のロケーション

標高860mの露天風呂から見る富士山は格別。メタケイ酸たっぷりの美肌の湯に浸かりながら絶景を堪能しよう。事前に予約すれば、日帰りエステも受けられる（15～22時）。

☎0570-092-489 住箱根町仙石原1244-2 ◯13～18時（水・木曜は15時～）休休館日あり 交姥子駅から徒歩3分 P100台 ●泉質：弱アルカリ性／ナトリウム－炭酸水素塩泉 MAP P140A1

📖 「天成園」には、ペット専用の無料宿泊施設「わんわんハウス」が用意されています（ホテル内はペット同伴不可）。

ゆったり過ごせる貸切露天風呂で 箱根の名湯をひとり占め

大浴場もいいけれど、せっかくだから気兼ねなく湯浴みを楽しみたいもの。
そんなときは、貸切露天風呂がある施設がおすすめです。

こんなお風呂です
貸切露天風呂「めだか」は、1人用の浴槽が2つ並んでいる

ゆったりした檜の浴槽がある
貸切露天風呂「かぐや」

東屋がある男女別露天風呂「川涌の湯」

仙石原　　　　　　　　　潤
かわらのゆ
まうんとびゅーはこね

川涌の湯
マウントビュー箱根

3つの貸切露天で
にごり湯を満喫

仙石原の中心部にあり、観光の拠点に便利な立地の宿。大浴場のほか、異なる湯船を備える3つの貸切露天風呂も日帰り利用ができる。大涌谷から引き湯する乳白色のにごり湯は、全身の疲れをほぐしてくれると好評だ。竹林を眺めながらのんびり浸かろう。予約制ではなく、当日空いていれば利用できる。

◀早川の畔に
たたずむ自然
に囲まれた宿

☎0460-84-9805　住箱根町仙石原885　営11〜14時（大浴場は〜15時）　休無休　交バス停箱根仙石案内所から徒歩2分　P25台　●泉質：酸性・ナトリウム・カルシウム・マグネシウム-硫酸塩泉　MAP P139D2

···立ち寄り料金···
貸切露天風呂「めだか」「金魚」各3500円（60分）
貸切露天風呂「かぐや」4000円（60分）
大浴場 1200円（90分）

✤露天風呂 2　✤貸切風呂 3　✤内湯 2
✤休憩室 ○　✤食事処 ×
✤石けん／ボディソープ ○　✤フェイスタオル ○
✤バスタオル ○　✤ドライヤー ○

　♨温め効果　角質落とし　潤潤いを与える　血流UP　美白効果　肌の引き締め　肌すべすべ

温泉テーマパーク
併設の温泉にも
貸切風呂が充実

「箱根小涌園 ユネッサン」（☞P30）の温泉エリア「元湯 森の湯」にも、2室の貸切風呂があります。2名向け「くつろぎ」は1室90分5000円〜、4名向け「ゆとり」は1室90分7000円〜。

こんなお風呂です
浴槽は2〜3名入れる広さ。写真は「兵蔵」の露天風呂

立ち寄り料金
貸切露天風呂 8800円（60分）

- ✛露天風呂 5 （貸切風呂と同じ）
- ✛貸切風呂 5 ✛内湯 2
- ✛休憩室 ○ ✛食事処 ×
- ✛石けん／ボディソープ ○
- ✛フェイスタオル × ✛バスタオル ○
- ✛ドライヤー ○

▲創業360年以上の歴史を感じる門構え ▶庭園を望むラウンジで最大60分休憩できる

芦之湯　　潤｜白

まつざかや ほんてん
松坂屋 本店

100%かけ流しの名湯を貸切

寛文2年（1662）創業の老舗宿。三大美肌泉質を含有する温泉「芦刈の湯」を、ぜいたくに源泉かけ流しにする。日帰り利用が可能なのは、離れの「万右衛門の湯」。全5室それぞれに貸切露天風呂と休憩できる個室がある。

☎0460-83-6511　🏠箱根町芦之湯57　🕐12〜16時（最終入館14時 ※金曜は14時の入館のみ）　🈂無休　🚌バス停東芦の湯から徒歩3分　🅿22台　♨泉質:含硫黄-カルシウム・ナトリウム・マグネシウム-硫酸塩・炭酸水素塩泉　MAP P140C2

こんなお風呂です
浴槽は清潔感がありモダン。新緑の時期は特に清々しい

宮ノ下　　かんれい

▶大正時代に建てられた病院を改装した建物

函嶺

竹林に囲まれた隠れ家的な湯処

レトロな西洋建築が目印の、温泉通に人気の日帰り温泉施設。浴槽は露天風呂が1つのみで、貸切で利用ができる。蛇骨川のせせらぎを聞きながら、底倉温泉の湯を満喫したい。

☎0460-82-2017　🏠箱根町底倉558　🕐10〜16時（予約制）　🈂不定休　🚌バス停木賀温泉入口から徒歩1分　🅿4台　♨泉質:ナトリウム-塩泉物泉　MAP P137D1

立ち寄り料金
貸切露天風呂
1500円（60分）

- ✛露天風呂 1 （貸切風呂と同じ）
- ✛貸切風呂 1 ✛内湯 0
- ✛休憩室 ○ ✛食事処 ×
- ✛石けん／ボディソープ ○
- ✛フェイスタオル ○ （有料）
- ✛バスタオル ○ （有料）
- ✛ドライヤー ○

開放感いっぱい、充実施設で 一日の〜んびり湯浴みしたい

緑深い温泉地に、ひっそりたたずむ日帰り温泉に出かけましょう。
温泉を心ゆくまで堪能し、食事処やリラクゼーション施設でひと休み。

塔之沢
はこねゆりょう
箱根湯寮

緑に囲まれた 古民家風のくつろぎ処

里山の景色が楽しめる岩風呂、見晴湯や、フィンランドに伝わるサウナ入浴法「ロウリュウ」が楽しめる熱ノ室など、趣向を凝らした大浴場「本殿 湯楽庵 大湯」と、ゆっくりくつろげる19室の貸切個室露天風呂「離れ湯屋 花伝」がある（2時間8600円〜）。

☎0460-85-8411 🏠箱根町塔之澤4 🕐10〜20時（土・日曜、祝日は〜21時。受付は1時間前まで）🈂無休（5・12月にメンテナンス期間あり）🚌箱根湯本駅から無料送迎あり 🅿92台
●泉質：アルカリ性単純温泉 ※大浴場は小学生未満入浴不可
MAP P134C1

▲木々が間近に迫り、森林浴気分を味わえる見晴湯

```
··· 立ち寄り料金 ···
大浴場 1500円 （土・日曜、祝日は1800円）
✛露天風呂 8      ✛シャンプー ○
✛貸切風呂 19     ✛石けん／ボディソープ ○
✛内湯 2          ✛フェイスタオル 250円
✛休憩室          ✛バスタオル 450円
✛食事処          ✛ドライヤー ○
```

こうやってくつろぎましょう

貸切個室露天風呂

風呂は3タイプ。部屋の広さにより料金が異なるので予約時に希望を伝えよう

リラクゼーション

温泉で身体を温めたら「ほぐし庵ゆるるか」へ。コースは30分〜ある

休息房

「本殿 湯楽庵 大湯」にある畳敷きの無料の休憩スペース。横になれるスペースも

▲外の景色も堪能できる、離れ湯屋 花伝「花水木」の貸切個室露天風呂

▲滋賀県産の羽釜風呂がある2名用の貸切個室露天風呂「菫（すみれ）」

天山湯治郷って こんなところ

湯坂山と須雲川に挟まれるように存在する温泉郷。8000坪の敷地内にあるのは2つの立ち寄り湯で、食事処が充実した「ひがな湯治 天山」と、より純粋に湯を楽しむ「かよい湯治 一休」です。7本の源泉から毎日49万ℓもの温泉が湧出しており、湯船ごとに違う泉質と温度が楽しめます。

▲緑に囲まれた開放感あふれる女湯露天風呂

こうやってくつろぎましょう

休憩所

お風呂の後は無料の休憩処「ざしきぼっこ」でゆったり休もう

洞窟風呂

ぽかぽか効果のあるナトリウム-塩化物泉の洞窟風呂は女湯だけ。ゆっくり浸かって

▲内湯は上がり湯として利用できるよう熱めの温度

箱根湯本
ひがなとうじ てんざん

ひがな湯治 天山

ゆったりお風呂に入り、思い思いの場所でリラックス

豊かな自然に抱かれた8000坪の敷地内にある鮮度の高い源泉湯を楽しめる。源泉のひとつは飲用も可能で、箱根で唯一飲める温泉と認定されたお湯。胸やけや二日酔い、胃酸過多にも効果があるとされる。売店の隅には飲用自由スペースもある。

☎0460-86-4126 住箱根町湯本茶屋208 ◷9〜23時(受付は〜22時) 休無休(12月中旬に5日程度休館) 交箱根湯本駅から箱根湯本温泉旅館送迎バスで約10分、またはバス停奥湯本入口から徒歩3分 P140台 ●泉質：ナトリウム-塩化物泉、単純泉 MAP P134B3

立ち寄り料金（入館料）
1300円
（平日限定の天山への一休へのはしごは片道券＋100円、往復券＋300円）

÷露天風呂 9		÷石けん ○	
÷貸切風呂 ×		÷ボディソープ ×	
÷内湯 2		÷フェイスタオル 200円	
÷休憩室 ○		÷バスタオル 350円〜	
÷食事処 ○		÷ドライヤー ○	
÷シャンプー ○			

箱根湯本
かよいとうじ いっきゅう

かよい湯治 一休

温泉をのどかに楽しめるお風呂だけの湯処

温泉入浴のみを楽しむために、休憩施設がない施設。湯場を思わせる造りは、古代檜風呂と、その向こうに野天風呂が。ゆっくり休みたい人は天山とのセットでどうぞ。

立ち寄り料金（入館料）
1100円
（平日限定の天山へのはしごは片道券＋300円）

÷野天風呂 4		÷シャンプー ×	
÷貸切風呂 ×		÷石けん ○	÷ボディソープ ×
÷内湯 2		÷フェイスタオル 200円	
÷休憩室 ×		÷バスタオル 350円〜	
÷食事処 ×		÷ドライヤー ○	

☎0460-85-8819 住箱根町湯本茶屋208 ◷11〜20時(土・日曜、祝日は〜21時。受付は1時間前まで) 休木曜 交箱根湯本駅から箱根湯本温泉旅館送迎バスで約10分、またはバス停奥湯本入口から徒歩3分 P140台 ●泉質：アルカリ性単純温泉 MAP P134B3

◀湯治場を思わせる、玄関からお風呂への長い廊下

▼入口すぐの檜の内湯。脱衣所と内湯、野天風呂が同じ空間にある

天山湯治郷では豊富に湧き出る温泉を調理や床暖房にも利用しています。

とろとろの温泉でお肌はすべすべ、"美肌の湯"を日帰りで

にごり湯を代表とする、しっとりとお肌にまとわりつくような"美肌の湯"。
ぷるぷるのお肌を手に入れましょう。

> コレでキレイに！
> 女性露天風呂「美肌風呂」。硫黄がたっぷり含まれた硫黄泉は少しぬるめ

芝之湯
びはだのゆきのくにや
美肌の湯きのくにや

自然湧出の硫黄泉で、つや肌に

広大な敷地を有する正徳5年（1715）創業の老舗宿。自然湧出でぬるめの硫黄泉と、熱めの重曹泉の両方が楽しめる。露天風呂を備えた本館の「湯香殿」が利用できる。

☎0460-83-7045 住箱根町芦之湯8 時12時30分〜16時（最終入館15時。土・日曜、祝日は〜15時、最終入館14時）休不定休 交バス停芦の湯から徒歩1分 P40台 泉質：中性硫黄泉 MAP P140C2

```
‥立ち寄り料金‥
   1000円
÷露天風呂 2
÷貸切風呂 1  ÷内湯 2
÷休憩室 ×  ÷食事処 ×
÷シャンプー ○
÷石けん／ボディソープ ○
÷フェイスタオル 200円
÷バスタオル 200円
÷ドライヤー ○
```

敷地内にある源泉井戸

男性用の露天風呂「芦ノ湖周遊風呂」

箱根湯本
ゆもとふじやほてる
湯本富士屋ホテル

ランチとのお得なセットプランも

さらりとした柔らかなお湯が自慢の湯処「早雲」の湯を楽しめる。野趣に富む露天風呂をはじめ、開放感あふれる大浴場、低温サウナ、貸切風呂（45分、入浴料別途2000円〜）など種類も多彩。ランチと入浴がセットの日帰りプラン5500円も好評。

☎0460-85-6111 住箱根町湯本256-1 時12〜20時 休無休 交箱根湯本駅から徒歩3分 P150台 ● 泉質：アルカリ性単純温泉 MAP P135F3

```
‥立ち寄り料金‥
   2000円
÷露天風呂 3
÷貸切風呂 4  ÷内湯 2
÷休憩室 ○  ÷食事処 ○
÷シャンプー ○
÷石けん／ボディソープ ○
÷フェイスタオル ○
÷バスタオル ○
÷ドライヤー ○
```

女性用露天（右）と男性用露天

> コレでキレイに！
> 美肌効果の高いアルカリ性単純温泉の湯に浸かりながらくつろぎの時間を

温め効果　角質落とし　潤いを与える　血流UP　美白効果　肌の引き締め　肌すべすべ

箱根湯本

よしいけりょかん
吉池旅館

源泉かけ流し温泉と日本庭園

6本の自家源泉を、庭園露天風呂や総ひのき風呂、御影石風呂などに贅沢にかけ流す。日帰り入浴の利用客は、歴史ある池泉回遊式庭園「山月園」を入園無料で散策できる。入浴と昼食セットプラン5550円〜も販売している。

☎0460-85-5711 🏠箱根町湯本597 ⏰13〜22時(最終受付20時) 🈺不定休 🚉箱根湯本駅から徒歩7分 🅿70台 ●泉質：ナトリウム・カルシウム-塩化物泉
MAP P135D4

女性用庭園露天風呂(右)と和食昼食イメージ

コレでキレイに！6本の源泉が引かれているので、湯巡りを楽しみながらキレイになろう

・・立ち寄り料金・・
2250 円
- 露天風呂 2
- 貸切風呂 2 ÷ 内湯 2
- 休憩室 ○ ÷ 食事処 ○
- シャンプー ○
- 石けん／ボディソープ ○
- フェイスタオル ○
- バスタオル ○
- ドライヤー ○

コレでキレイに！源泉は浴槽に届くまでに白濁に変化。緑に囲まれてさわやかに湯浴みを

・・立ち寄り料金・・
2000 円
- 露天風呂 1
- 貸切風呂 0 ÷ 内湯 1
- 休憩室 × ÷ 食事処 ×
- シャンプー ○
- 石けん／ボディソープ ○
- フェイスタオル ○
- バスタオル ×
- ドライヤー ○

敷地内にある湯畑(見学・立ち入りは不可)

芦之湯

はこねゆのはなぷりんすほてる
箱根湯の花プリンスホテル

箱根でいちばん空に近い露天風呂

標高935m、箱根芦之湯エリアに位置する高原の一軒宿。敷地内にある湯畑からは源泉の蒸気が立ち上り、湯の花が浮かぶ露天風呂には白濁したお湯がたっぷりと注がれている。硫黄がほのかに香る白濁湯で、身体の芯からじんわり温まるひとときを。

☎0460-83-5111 🏠箱根町芦之湯93 ⏰13〜18時(土・日曜、祝日は12時〜) ※最終受付16時 🈺不定休(公式HPで要確認) 🚉バス停芦の湯から送迎あり(バス停から要連絡) 🅿42台 ●泉質：単純硫黄泉 MAP P140C2

コレでキレイに！強酸性のにごり湯で潤い肌に。露天風呂のある初音の入口には足湯も！

・・立ち寄り料金・・
9550 円〜
※昼食付きプラン(要予約)
- 露天風呂 3
- 貸切風呂 2 ÷ 内湯 6
- 休憩室 × ÷ 食事処 ○
- シャンプー ○
- 石けん／ボディソープ ○
- フェイスタオル ○
- バスタオル ○
- ドライヤー ○

足湯でも自家源泉の湯を楽しめる

強羅

きりたにはこねそう
桐谷箱根荘

白濁湯をかけ流す贅沢を満喫

強羅の坂の途中にたたずむ数寄屋造りの宿。広い敷地には本館や別館とは別に、温泉専用の「お湯処初音」を設けている。湯の花が漂う強酸性の自家源泉は、肌がしっとり潤うと評判の美肌の湯。すべての風呂がかけ流しなのもうれしい。

☎0460-82-2246 🏠箱根町強羅1320-598 ⏰昼食利用11時〜14時30分、夕食利用15〜20時(休日は要問合せ) 🈺不定休 🚉公園上駅から徒歩5分 🅿40台 ●泉質：硫酸塩泉 MAP P136B1

📖 「桐谷箱根荘」は別館に貸し切りの露天風呂もあり当日予約で入浴できます。50分1名2300円(受付は2名〜)。

♨ 立ち寄り湯

身も心もうっとり、リフレッシュ、温泉&トリートメントの日帰りプラン

ゴッドハンドに身をゆだね、大自然のパワーを身体にチャージしましょう。
箱根の澄んだ空気に包まれたリゾートホテルのスパプランをご紹介。

畳敷きのロビーからは箱根連山と早川渓谷を望む

宮ノ下

ぎんゆう すぱ［はこねぎんゆう］

Ginyu Spa［箱根吟遊］

早川渓谷に面した安らぎの空間

和とアジアの調度品を設えた全室露天風呂付きの宿。
非日常を体験できると人気のスパは、日帰り利用が可能。まずは自然の息吹を感じる源泉かけ流しの露天風呂（別途1700円、完全予約制）で身体を温めてから、山々を望むトリートメントルームへ。スパオリジナルブレンドのオイルでハンドトリートメントを受けよう。

☎0460-82-3355 住箱根町宮ノ下100-1 ⏰10～20時（最終受付18時）休無休 交宮ノ下駅から徒歩2分 P20台 泉質：ナトリウム-塩化物泉 MAP P137F1

Point!
「花」「鳥」「風」「月」
4種類の精油がある

◈日帰りスパ◈
Body60
時間：60分
料金：2万900円
（宿泊者1万9800円）
身体のバランスを整えるオールハンドのボディトリートメント。4種類の中から好みの精油を選べる

温泉はこんな感じ

▼施術前に水庭を望むラウンジでカウンセリング

24 ♨温め効果 こうしつ角質落とし 潤潤いを与える 血流UP 白美白効果 肌の引き締め 肌すべすべ

**1日1組限定の
ランチ付き
プランも**

「Ginyu Spa」では、厳選した成分を配合したオリジナルプロダクトを使用しており、スキンケアからバスアイテムまで種類は豊富。購入も可能で、人気は花鳥風月シリーズのエッセンシャルオイル5㎖1980円〜など。

Point!
フルテラピーはラズベリーなど3種のオイルから選べる

強羅
すぱいずみ
[はいあっと りーじぇんしーはこね りぞーとあんどすぱ]

スパ IZUMI
[ハイアット リージェンシー箱根 リゾート＆スパ]

身体に眠る自然の力をよび覚ます

リゾートホテル内のスパ。フルーツの種子から抽出したオリジナルオイルなどで、自然治癒力を高めるトリートメントを。

温泉はこんな感じ

☎0460-82-2000 住箱根町強羅1320 ⏰9〜21時 休無休 交上強羅駅から徒歩5分 P57台 ●泉質:酸性−硫酸塩泉 MAP P136A2

◈日帰りスパ◈
フルテラピーボディ
トリートメント（アボカド）
時間:90分
料金:2万9453円
（宿泊者は2万6103円）
身体の凝りや滞った部分を中心にマッサージ。アボカドオイルが乾燥を防ぎしっとりとした肌へ

Point!
セラピストと一緒に5種の中から最適なオイルをチョイス

◈日帰りスパ◈
バランシングボディ
時間:60分
料金:1万8700円
身体の「氣」のバランスを整え、ゆったりとしたリズムで心身ともに深いリラクゼーションへと導く

元箱根
すぱ もんたーにゅ[おだきゅう やまのほてる]

スパ モンターニュ
[小田急 山のホテル]

芦ノ湖を一望する絶景スパ

山や水、風など箱根の自然の波動を取り入れて身体のバランスを整えるオイルトリートメント。リラックススペースから一望できる芦ノ湖にも癒やされる。

温泉はこんな感じ

☎0460-83-6321 住箱根町元箱根80 ⏰14〜21時最終受付 休無休 交バス停元箱根港から無料シャトルバス5分 P100台 ●泉質:アルカリ性単純温泉 MAP P141A1

仙石原
すぱ なちゅーる[おだきゅう はこねはいらんどほてる]

スパ ナチュール
[小田急 箱根ハイランドホテル]

水の恵みを取り入れた施術を

敷地内に湧く良質な水がトリートメント効果を高める。オーガニックコスメ「ジャネス」の生みの親から認定を受けたセラピストが施術。

☎0460-84-8541 住箱根町仙石原の木940 ⏰15〜23時 休無休 交バス停仙石・箱根ハイランドホテルから徒歩1分 P65台 ●泉質:硫酸温泉 MAP P139D2

Point!
高品質のオーガニックコスメを使用

温泉はこんな感じ

◈日帰りスパ◈
メロウ
時間:100分
料金:2万3500円
全身アロマボディトリートメントとフェイシャルがセットに

📖 P24〜25掲載のスパプランは、ビジター＆宿泊者どちらも事前予約が必要です。

コスパも魅力のひとつです
1500円以下で入れる日帰り温泉

箱根にはリーズナブルでコストパフォーマンスのいい入浴施設も豊富です。
ひと風呂、ふた風呂、極楽気分で湯巡りしましょう。

すすきのはら いちのゆ
ススキの原 一の湯

箱根の山々とススキ草原を楽しむ

「箱根湿生花園」(☞P74)の近くに立つ宿。2種類の温泉が引かれ、陽光が差し込む広々とした館内大浴場に併設する露天風呂は檜林に囲まれ、鳥の声や風の音を聞きながら森林浴気分でリラックスできる。

☎0460-86-3331 🏠箱根町仙石原817-77 ⏰13〜20時 休無休 🚌バス停台ヶ岳から徒歩1分 🅿35台 ●泉質：カルシウム・マグネシウム-硫酸塩・塩化物泉、アルカリ性単純温泉
MAP P138C3

立ち寄り 1100円

広々とした館内大浴場。男女ともに露天風呂がある

檜の林に囲まれて湯浴みが楽しめる露天風呂

- ✛露天風呂 2
- ✛貸切風呂 0 ✛内湯 2
- ✛休憩室 × ✛食事処 ×
- ✛シャンプー ○
- ✛石けん／ボディソープ ○
- ✛フェイスタオル ○
- ✛バスタオル ○(有料)
- ✛ドライヤー ○

立ち寄り 1100円

ジェットバスは適度な水圧と気泡がよい

木の温もりにあふれ、落ち着いた雰囲気の内湯

- ✛露天風呂 6
- ✛貸切風呂 0 ✛内湯 2
- ✛休憩室 ○ ✛食事処 ○
- ✛シャンプー ○
- ✛石けん／ボディソープ ○
- ✛フェイスタオルとバスタオル セット 350円
- ✛ドライヤー ○

箱根湯本

ゆあそびどころ はこねのゆ
湯遊び処 箱根の湯

5つの湯船で温泉三昧

マッサージ効果があるジェットバスや、肌を活性化してくれるバイブラ湯がある。無料の休憩室はもちろん、9つある個室2時間2000円〜も飲食の持ち込みが可能。

☎0460-85-8080 🏠箱根町湯本茶屋100-1 ⏰10〜22時 休不定休 🚌箱根湯本駅から箱根本温泉旅館送迎バスで5分 🅿60台 ●泉質：ナトリウム・カルシウム-塩化物・硫酸塩泉 MAP P134C3

ゆのさとおかだ
湯の里おかだ

5本の自家温泉と6種類のお風呂

湯坂山の中腹にある自然に囲まれた施設。ジェット風呂や岩風呂など6種類の露天に浸かり、雄大な山々を眺められる。貸切風呂は別途45分1500円。

☎0460-85-3955 🏠箱根町湯本茶屋191 ⏰11〜23時 休不定休 🚌箱根湯本駅から箱根湯本温泉旅館送迎バスで5分 🅿50台 ●泉質：弱アルカリ性単純温泉 MAP P134B3

立ち寄り 1450円

無料休憩室「黒の座敷」

開放的な露天風呂。23時まで利用できるのがうれしい

- ✛露天風呂 12
- ✛貸切風呂 1 ✛内湯 2
- ✛休憩室 ○ ✛食事処 ○
- ✛シャンプー ○
- ✛石けん／ボディソープ ○
- ✛フェイスタオルとバスタオルセット300円
- ✛ドライヤー ○

立ち寄り
1250円

「権現の湯」には檜造りの露天風呂もある

「早雲の湯」の内湯。箱根温泉発祥の源泉・惣湯が注ぐ

÷ 露天風呂 2
÷ 貸切風呂 0 ÷ 内湯 2
÷ 休憩室 ○ ÷ 食事処 ×
÷ シャンプー ○
÷ 石けん／ボディソープ ○
÷ フェイスタオル 200円
÷ バスタオル 300円(レンタル)
÷ ドライヤー ○

てんねんおんせん ごにゅうよく・きゅうけいどころ いずみ

天然温泉
ご入浴・休憩処 和泉

元和風旅館を改装した立ち寄り湯

7本の自家源泉を惜しみなく使用。大浴場の「早雲の湯」と「権現の湯」は、男女日替わりで利用できる。おむつ使用の乳幼児は不可。
☎0460-85-5361 住箱根町湯本657 ○11〜21時(土・日曜、祝日は10時〜) 休火曜(祝日の場合は営業) 交箱根湯本駅から徒歩7分 P25台 ●泉質：アルカリ性単純温泉 MAP P135D4

内湯は鉄イオンが沈殿する茶色の湯

芦ノ湖
はこねこうげんほてる

箱根高原ホテル

2種類の自家源泉の湯が自慢

露天風呂では弱アルカリ性単純温泉の「美肌の湯」、内湯では炭酸を多く含む「温もりの湯」に浸かれる。
☎0460-84-8595 住箱根町元箱根164 ○12〜16時 休不定休 交バス停白百合台から徒歩4分 P50台 ●泉質：ナトリウム・カルシウム・マグネシウム-硫酸塩 (外湯)、炭酸水素塩泉 (内湯) MAP P140A1

立ち寄り
1300円

大浴場「金時湯」内にある露天風呂「星」

÷ 露天風呂 2
÷ 貸切風呂 0 ÷ 内湯 2
÷ 休憩室 ○ ÷ 食事処 ×
÷ シャンプー ○
÷ 石けん／ボディソープ ○
÷ フェイスタオル ○
÷ バスタオル 200円(レンタル)
÷ ドライヤー ○

立ち寄り
1100円

石造りの湯船でゆったりと

麦飯石を敷いた浴槽でぽかぽかに

÷ 露天風呂 2
÷ 貸切風呂 0 ÷ 内湯 2
÷ 休憩室 ○ ÷ 食事処 ×
÷ シャンプー ○
÷ 石けん／ボディソープ ○
÷ フェイスタオル ○
÷ バスタオル 110円(レンタル)
÷ ドライヤー ○

仙石原

せんごくはらしなのき いちのゆ

仙石原品の木 一の湯

異なる2種の泉質が楽しめる

一の湯グループの宿。外湯と内湯では泉質が異なり、館内の浴槽には温浴効果のある麦飯石を使用している。
☎0460-85-2244 住箱根町仙石原940-2 ○13〜20時 休不定休 交バス停品の木・箱根ハイランドホテルから徒歩1分 P30台 ●泉質：アルカリ性単純温泉 (内湯)、酸性-カルシウム・マグネシウム-硫酸塩 (外湯) MAP P139E2

芦ノ湖
ほてるむさしや

ホテルむさしや

芦ノ湖ビューの温泉が魅力

明治元年 (1868) 創業、女将が出迎える昔ながらの旅館。大浴場には男女ともに露天風呂を併設し、芦ノ湖を眺めながらのんびり湯浴みができる。駒ヶ岳を源泉とする湯で体がぽかぽかに。
☎0460-83-6348 住箱根町元箱根20 ○11〜18時 休無休 交バス停元箱根港から徒歩2分 Pなし ●泉質：単純硫黄泉 MAP P141C2

立ち寄り
1100円

湖上を行き交う遊覧船や鳥居も見える

併設の露天風呂。泉質は単純硫黄泉

÷ 露天風呂 2
÷ 貸切風呂 0 ÷ 内湯 2
÷ 休憩室 ○ ÷ 食事処 ×
÷ シャンプー ○
÷ 石けん／ボディソープ ○
÷ フェイスタオル 200円
÷ バスタオル 200円(レンタル)
÷ ドライヤー ○

「ホテルむさしや」では、昼食と客室休憩 (11〜15時) がセットになったプラン6050円 (要事前予約) もあります。

 ふむふむ コラム fumu fumu

箱根の温泉、せっかく行くのだから…
美人になって帰れるお湯を探しましょ

ひと口に温泉といっても、効能はさまざま。
次の旅は行き先からじゃなく、温泉から選んでみる?!

Q. 箱根温泉って、どんな温泉なの?

A. 開湯は奈良時代。1200年以上の歴史があります。

箱根温泉とは箱根山周辺の温泉の総称で、江戸時代、東海道沿いにある「湯本」「塔之沢」「宮ノ下」「堂ヶ島」「底倉」「木賀」「芦之湯」のことを箱根七湯と命名。後に東海道から少し外れた「姥子」を足して箱根八湯とよばれていました。明治に入り箱根登山電車が開通すると、保養所や観光地としての開発が進み、明治以降に開かれた「二ノ平」「小涌谷」「大平台」「強羅」「宮城野」「仙石原」「湯ノ花沢」「芦ノ湖」「蛸川」の9つの温泉を合わせて箱根十七湯となり、さらに「早雲山」「大涌谷」「湖尻」を加えて箱根二十湯となりました。

箱根七湯
・湯本温泉　・底倉温泉
・塔之沢温泉　・木賀温泉
・宮ノ下温泉　・芦之湯温泉
・堂ヶ島温泉

箱根八湯
・姥子温泉

箱根十七湯
・二ノ平温泉　・宮城野温泉　・芦ノ湖温泉
・小涌谷温泉　・仙石原温泉　・蛸川温泉
・大平台温泉　・湯ノ花沢温泉
・強羅温泉

箱根二十湯
・早雲山温泉　・湖尻温泉
・大涌谷温泉

Q. エリアによってタイプが違うって本当?

A. はい。エリアによってお湯のタイプは違います。

箱根の温泉は、無色透明の湯あり、白濁したにごり湯あり、塩分の入ったしょっぱいお湯あり、さまざまな温泉が湧出しています。エリア別にみると、箱根火山の麓に位置する湯本、塔之沢から中腹の強羅あたりまでの東部は塩化物泉が多く、標高が高くなる中央水口丘に近づくにつれ、硫酸塩泉、さらに炭酸水素塩泉も湧出。一方、大涌谷や早雲山噴気地帯など火山の頂上付近には、酸性泉が湧出しています。

硫黄の臭いが立ち込める大涌谷。ここで噴き出した温泉が各地の旅館へ送られる

Q. にごり湯と透明なお湯、どちらが効果があるの?

A. 無色透明の湯だからといって、効果が薄いということはありません。

源泉は基本的に無色透明。空気にふれることで、にごり湯になる泉質があります。硫黄などによって白濁したにごり湯は温泉情緒たっぷり。心理面でリラックス効果も期待できます。

桐谷箱根荘
☞P23

Q. どうやっていいお湯を選べるのかしら?

A. 自分の悩みを解決してくれる温泉を選ぶことが大事です。

温泉にはさまざまな効能があるので、確認して、自分にぴったりの温泉を探すことが大事です。女性に多い、冷え性や肩こり、つらい腰痛には塩化物泉、アトピーやニキビには酸性の硫黄泉がおすすめです。

温泉の効能についてはP130を参照

温泉校閲：野添 ちかこ（温泉ソムリエ）

Q. どの温泉に行けばいいか、わからない！

A. 美白、アンチエイジング、便秘解消など、温泉の効果はさまざまです。

温泉の種類はざっくり分けて6つです。
1. ぽかぽか&冷え性解消の湯（塩化物泉）…【ぽかぽか】
2. 古い角質を落とす肌つるつるの湯（炭酸水素塩泉）【つるつる】
3. 潤いを与えるアンチエイジングの湯（硫酸塩泉）【潤】
4. 血流UP&美白をもたらす湯（硫黄泉）………【血流UP】【白】
5. 肌を引き締め、デトックスの湯（酸性泉）……【引き締め】
6. 肌の汚れを落とし、肌すべすべの湯…………【すべすべ】
（アルカリ性単純温泉）

箱根二十湯リスト

	温泉名	歴史	温泉効果
❶	湯本温泉	箱根温泉の玄関口でもあり、開湯は奈良時代と伝わる最も古い歴史のある温泉地。	ぽかぽか すべすべ 潤
❷	塔之沢温泉	早川渓流沿いにある温泉地で、老舗旅館が多く閑静な雰囲気が文学作品などにも登場する。	すべすべ
❸	宮ノ下温泉	熊野神社のお宮の下に開けたことに由来する地名で、明治11年(1878)の富士屋ホテル開業によって湯治場からリゾートへ。	ぽかぽか すべすべ
❹	堂ヶ島温泉	宮ノ下付近から早川の渓谷へと下った谷底にある温泉地。かつてはケーブルカーやロープウェイで行くか、遊歩道を歩いて下る旅館があった。	ぽかぽか 潤 すべすべ
❺	底倉温泉	温泉療養センターの先駆けとして発達した温泉地。底倉の温泉を集湯し、宮ノ下温泉に送っている。	ぽかぽか
❻	木賀温泉	鎌倉幕府の将軍源頼朝に仕えた木賀善司吉成が、重病を癒やしたという言い伝えのある温泉地。	ぽかぽか すべすべ つるつる
❼	芦之湯温泉	駒ヶ岳の麓に開けた閑静な温泉地。箱根旧街道沿いにあり、湯治客や文人墨客で賑わった。	潤 白
❽	姥子温泉	童話の「金太郎」が目の傷を負った時、箱根権現の山姥がお告げに従ってこの温泉で完治させたというところから名が付いた。	潤 つるつる
❾	二ノ平温泉	湧出は昭和38年(1963)という新しい温泉地。元々は近隣に働く人々の憩いの場であった。彫刻の森美術館近くにあり人気。	ぽかぽか すべすべ 潤 つるつる
❿	小涌谷温泉	「大地獄」(大涌谷)に対して「小地獄」とよばれていた温泉。小涌谷と改名されたのは明治天皇が行幸された時のこと。	すべすべ 潤 つるつる
⓫	大平台温泉	塔之沢と宮ノ下の間にある「平らなところ」でその名が付いた。昭和24年(1949)に地元有志によって温泉を掘り当て、市民の憩いの場とされた。	ぽかぽか すべすべ
⓬	強羅温泉	政財界や文人の別荘地として栄えた歴史ある温泉地。大正時代に箱根登山電車が開業、ともに観光地として発展した。	ぽかぽか 潤 すべすべ
⓭	宮城野温泉	昭和になってから源泉が発見された新しい温泉地。大文字焼きの明星ヶ岳、明神ヶ岳の山裾から山腹に広がる温泉地。	ぽかぽか
⓮	仙石原温泉	標高700mの高地に開けた欧米型避暑地の温泉地で、大涌谷と姥子から引湯。芦ノ湖の地下水も利用。	潤 白
⓯	湯ノ花沢温泉	湯の花を日本で初めて採取し販売した温泉地。温泉の湧出状況を化学分析する「温泉化学」の草分け。	潤 白 引き締め
⓰	芦ノ湖温泉	湯ノ花沢温泉から湯を引いて生まれた温泉地。芦ノ湖と富士山を両方眺められることで人気の地。	白
⓱	蛸川温泉	平成に誕生した一番新しい温泉地。元は芦ノ湖温泉とともに「元箱根温泉」という名であった場所。	潤
⓲	早雲山温泉	早雲山の山の噴気から引湯。ケーブルカーの開通後に温泉地として開発された。	潤
⓳	大涌谷温泉	大涌谷で自噴する温泉と、火山性蒸気と山清水で造成した温泉を混合している造成温泉の地。	引き締め 潤
⓴	湖尻温泉	箱根ロープウェイの終点、桃源台駅周辺から芦ノ湖の北の湖畔に位置する温泉地。	潤 つるつる

左側の分類：箱根七湯 / 箱根八湯 / 箱根十七湯 / 箱根二十湯

※異なる複数の泉質をもつ温泉地がありますので、宿、施設の泉質をチェックしましょう。

2つのエリアで遊び尽くす！温泉テーマパーク、ユネッサンへ

家族や友人とわいわい遊びたいなら、ユネッサンは外せません。ユニークなお風呂はもちろん、食も充実。一日中楽しめます。

小涌谷

はこねこわきえん ゆねっさん

箱根小涌園 ユネッサン

バラエティに富んだ風呂を揃えたテーマパーク。水着エリア「ユネッサン」、温泉エリア「元湯 森の湯」の2つのエリアに分かれる。両エリアを満喫するなら、お得な共通パスポートを購入しよう。2023年7月には新エリアがオープン予定。

☎0460-82-4126 箱根町二ノ平1297 ユネッサン：10～18時（土・日曜、祝日は9～19時）、元湯 森の湯：11～20時 不定休 ユネッサン2500円、元湯 森の湯1500円、パスポート3500円 バス停小涌園から徒歩すぐ 1000台（1日1300円、2時間まで無料）●泉質：ナトリウム-塩化物泉 MAP P136B3

※2022年11月現在の情報。変更の場合あり

┌─────────────────┐
│ ✛ 休憩室 ○ │
│ ✛ 食事処 ○ │
│ ✛ シャンプー ○ │
│ ✛ 石けん／ │
│ ボディソープ ○ │
│ ✛ フェイスタオル 100円 │
│ ✛ バスタオル 200円 │
│ ✛ ドライヤー ○ │
└─────────────────┘

マップ内ラベル：
超絶景 展望露天風呂／ロデオマウンテン／本格コーヒー風呂／フィンランドバス（サウナ）／Dr.Fishの足湯／ワイン風呂／神々のエーゲ海／鉄板焼 迎賓館／ユネッサン／ミーオモール（3F）／フロント／貸切風呂／蕎麦 貴賓館（→P95）／入場口／コラーゲン風呂／ファミリーマート（1F）／元湯 森の湯／露天風呂／元箱根へ／箱根ホテル小涌園（2023年7月12日オープン予定）／小涌谷駅へ

水着エリア

ユネッサン

「神々のエーゲ海」をはじめ、香り高い「本格コーヒー風呂」、美肌効果も期待できる「ワイン風呂」、「Dr.Fishの足湯」（1回300円）など、変り種の風呂もいっぱい！スライダーの「ロデオマウンテン」、全長40mの「超絶景 展望露天風呂」がある屋外エリアも人気だ。

✛ 神々のエーゲ海 ✛
エーゲ海をイメージした大型スパ。地中海の空を描いたドーム内にあり、雨天時も楽しめる

✛ ワイン風呂 ✛
ワインボトルのオブジェが目印！ブドウ色と芳醇な香りが楽しめ、美肌効果も期待できる

入場無料エリア

ユネッサンは、入場無料で楽しめるエリアも充実している。食事にショッピングと、スパや温泉だけではない楽しみ方が満載。家族や友人みんなでたっぷり遊べる。

✛ ミーオモール ✛
ユネッサンのオリジナルグッズや箱根みやげを販売するショッピングモール。
🕙10～18時

ぬいぐるみ各780円、オリジナル入浴剤各200円、ユネッサンロゴ入りフェイスタオル400円、プールサック500円

温泉エリア

元湯 森の湯

和風情緒あふれる温泉エリア。広々とした内湯は、浴槽だけでなく壁や天井も檜張りの贅沢な造り。貸切風呂（1室90分5000円～・要予約）でくつろぐのもいい。

✛ 露天風呂 ✛
箱根外輪山を望む空間に、寝湯や信楽焼の陶器風呂などもある。夜はライトアップされる

✛ コラーゲン風呂 ✛
コラーゲン化粧品を使用した乳白色の温泉（女湯のみ）

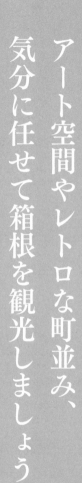

アート空間やレトロな町並み、
気分に任せて箱根を観光しましょう

箱根観光の玄関口である箱根湯本から、
レトロな町並みの宮ノ下、湯宿が軒を連ねる強羅、
数々のミュージアムが集まる仙石原、
絶景が広がる芦ノ湖周辺まで、みどころがいっぱいです。

箱根って
こんなところ

温泉、歴史、自然など、魅力いっぱいの箱根。
どのエリアに何があるのかチェックしましょう。

観光のみどころは 4つのエリア

都心からほど近く、電車なら約1時間30分
で、毎年多くの観光客が訪れる箱根。多くの
人を惹きつける魅力のひとつが、全国第5位
の湧出量を誇る箱根二十湯とよばれる温泉
地。また、グルメやアートスポットが充実して
いるほか、芦ノ湖や大涌谷の自然景観も魅
力。4つの主要観光エリアがあることを踏ま
えて、箱根の旅を満喫しましょう。

観光の前に情報集め

箱根の観光案内所では、各観光施設の無料
パンフレットや入館料割引券などを配布。観
光の前に立ち寄って上手に利用しましょう。

問合せ 箱根町総合観光案内所 ☎0460-85-5700
問合せ 箱根ビジターセンター ☎0460-84-9981
問合せ 箱根湯本観光協会 ☎0460-85-7751

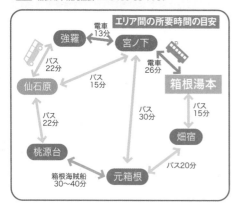

エリア間の所要時間の目安

- 強羅 — 電車13分 — 宮ノ下
- 強羅 — バス22分 — 仙石原
- 宮ノ下 — 電車26分 — 箱根湯本
- 仙石原 — バス15分 — 宮ノ下
- 仙石原 — バス22分 — 桃源台
- 宮ノ下 — バス30分 — 元箱根
- 箱根湯本 — バス15分 — 畑宿
- 畑宿 — バス20分 — 元箱根
- 桃源台 — 箱根海賊船30〜40分 — 元箱根

御殿場へ

箱根スカイライン

岩波へ

芦ノ湖スカイライン

せんごくはら
仙石原
③

・・・P62

個性派美術館が集まる箱根屈指のアート
エリア。10月上旬〜11月中旬に見頃を迎
えるススキ草原も見ごたえあり。

ここをチェック

仙石原のススキ草原 ☞P119
箱根ラリック美術館 ☞P64
ポーラ美術館 ☞P66

あしのこしゅうへん
芦ノ湖周辺
④

・・・P76

富士山を望む雄大な景色のなか、レイクレジャー
が楽しめる。関所跡や箱根神社、旧街道など、歴
史を感じさせるスポットが多いエリアでもある。

ここをチェック

芦ノ湖クルーズ ☞P78
箱根神社 ☞P82
箱根関所 ☞P84

みやのした・こわきだに・ごうら
宮ノ下・小涌谷・強羅 ②
···P46

クラシカルなショップの散策が楽しい宮ノ下。
箱根登山電車沿線には観光名所が点在し、終
着駅の強羅は人気の温泉地。

ここをチェック 🖊
- 彫刻の森美術館 ☞P52
- 箱根ロープウェイ ☞P56
- 大涌谷 ☞P58

ここをチェック 🖊
- 箱根湯本駅 ☞P36
- 箱根湯本商店街 ☞P38
- 箱根登山電車 ☞P40

はこねゆもと・とうのさわ
箱根湯本・塔之沢 ①
···P34

観光の起点となる箱根湯本駅。駅前商店街は、食事
処やみやげ店が40店以上並ぶ繁華街。日帰り温泉施
設が多いのも特徴。

③ 仙石原
② 宮ノ下・小涌谷・強羅
① 箱根湯本・塔之沢
① 芦ノ湖周辺

※2022年11月現在、箱根山に噴
火警戒レベル1（活火山であるこ
とに留意）が発表されており、大涌
谷へ夜間のみ立入規制が行われ
ていますので、箱根町観光協会の
ホームページなどで必ず状況をご
確認の上、お出かけください。

なるほど
箱根の
基礎知識

旅の前に、まずは
箱根のキホンをチェ
ックしよう！ 歴史、
地形、温泉の3つ
のキーワードを押さ
えて箱根の旅の計
画に役立てよう。

[歴史]

昔は山岳信仰の霊場
だったが、江戸時代に
東海道の箱根関所
が置かれてからは湯治
場として発展した。明
治以降はリゾート地に。

[地形]

火山の噴火により少し
ずつ地形が形成され、
箱根外輪山とカルデ
ラができた。大涌谷が
噴火したことで芦ノ湖
ができあがった。

[温泉]

箱根七湯、八湯、十七
湯、二十湯と分類され
るほど多くの温泉地が
あり、エリアによって違
う泉質が楽しめる人
気の温泉リゾート。

風情ある温泉街を
そぞろ歩きましょ

スイーツや和雑貨など、お
みやげを探しながら温泉
街を楽しもう。(☞P38)

菊川商店の
カステラ焼箱根
まんじゅう

これしよう！

日帰り温泉で
気軽に湯浴みを

須雲川や早川沿いには、
宿泊しなくても立ち寄れる
温泉施設が充実。(☞P16)

これしよう！

和スイーツで
ほっこり

ひと風呂浴びた後は温泉
街へ繰り出し、甘味を食べ
ながらひと休み。(☞101)

エキナカで買
えるテイクアウ
トグルメ

江戸時代から賑わう箱根の玄関口

箱根湯本・
塔之沢

はこねゆもと・とうのさわ

箱根湯本・塔之沢は
コチラにあります！

仙石原
桃源台 大涌谷
　　　強羅
湖尻　　宮ノ下
　　　小涌谷
　　　小田原 畑宿
芦ノ湖　箱根町

こんなところ

奈良時代に開湯。江戸時代には東海道沿い
の温泉地として繁栄し、「箱根七湯」のひと
つに数えられている。現在でも老舗旅館が
並び、日帰りで気軽に立ち寄れる温泉施設
も多い。小田急ロマンスカーの終着駅であ
る箱根湯本駅は箱根の玄関口。駅前は、飲
食店やみやげ物店が軒を連ね、活気にあふ
れている。

a c c e s s

〈電車で箱根湯本駅まで〉
●新宿から
小田急ロマンスカーで1時間
30分

●小田原から
箱根登山電車で15分

●箱根湯本駅から
箱根登山電車で塔ノ沢駅ま
で4分。またはバス停箱根湯
本駅から箱根登山バス・伊豆
箱根バスで2分、バス停塔ノ
沢下車

〈車で箱根湯本まで〉
●箱根口ICから
国道1号で約3km

問合せ
☎0460-85-5700
箱根町総合観光案内所
MAP P135F3

～箱根湯本・塔之沢 はやわかりMAP～

塔之沢

宮ノ下へ→

塔ノ沢駅

↑上塔ノ沢　塔ノ沢

宮ノ下へ

塔之沢温泉

箱根湯寮
（☞P20）**6**

箱根登山電車

箱根焙煎珈琲
（☞P45）**4**

知客茶家
（☞P97）**2**

熊野神社

温泉場入口

ちもと 駅前通り店
（☞P104）**3**

箱根
湯本

早川に架かる
あじさい橋
かわいい朱塗りのあ
じさい橋。川原の景
色も情緒たっぷり。

箱根湯本駅
箱根湯本駅　・箱根町
総合観光案内所

小田原へ→

早雲寺へ→

5 ひより箱根湯本店
（☞P45）

早雲公園

マイユクール祥月

早雲公園前

7

白山神社

1 早雲寺
（☞P44・128）

→小田原へ

箱根新道

玉簾神社
玉簾の瀧

江戸の奥座敷
箱根湯本の温泉街
早川、須雲川沿いに
は昔ながらの旅館や
ホテルが立ち並ぶ。

須雲川

湯本温泉

静観荘
台の茶屋
曽我堂上
正眼寺

湯本中宿

石垣神社

早雲寺の裏山の
早雲公園を散策
東屋のある頂上から
は箱根湯本の温泉街
を一望できる。

箱根湯本ホテル
福寿院

山神社

←元箱根・箱根町へ

0　　100m　N

箱根湯本駅へ→

観光のヒント
提携宿泊施設専用の
循環バスを利用しよう
箱根湯本駅前から箱根湯本温泉
旅館送迎バス（片道100円）が運
行。滝通り線、早雲通り線、塔ノ沢
線の3ルート。問合せは箱根登山
バス（☎0460-85-7174）へ。

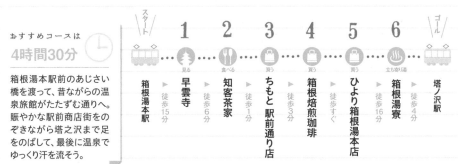

おすすめコースは
4時間30分

箱根湯本駅前のあじさい
橋を渡って、昔ながらの温
泉旅館がたたずむ通りへ。
賑やかな駅前商店街をの
ぞきながら塔之沢まで足
をのばして、最後に温泉で
ゆっくり汗を流そう。

スタート　→　**1** 見る → **2** 食べる → **3** 買う → **4** 買う → **5** 買う → **6** 立ち寄り湯 → ゴール

箱根湯本駅　▶　早雲寺　▶　知客茶家　▶　ちもと駅前通り店　▶　箱根焙煎珈琲　▶　ひより箱根湯本店　▶　箱根湯寮　▶　塔ノ沢駅

徒歩15分　　徒歩6分　　徒歩1分　　徒歩3分　　徒歩すぐ　　徒歩16分　　徒歩4分

旅の行き帰りに立ち寄りたい、箱根湯本駅のエキナカグルメ

箱根湯本駅のエキナカには箱根らしいグルメやおみやげがいっぱい！
帰りはもちろん、行きにもチェックしておきましょう。

箱根湯本駅は旅の起点。強羅方面への箱根登山電車もここで乗り換え

パン&スイーツはコチラ

卵型の容器もキュート

箱根プリン　1個350円
ビタミン豊富な長寿卵とミルクが決め手。風味豊かでスッキリとした甘さ。B

箱根みやげならコチラ

豆乳入りでふわふわ

箱根 銀のメープルパンケーキ 1296円
強羅「銀豆腐」の豆乳を練りこんだ生地でカスタードクリームとメイプルフェリングをサンド。6個入り。C

ナッツベッセル 518円
7種類のナッツをふんだんに使い、キャラメルでコーティング。甘さと歯ごたえを楽しめる。C

濃厚なキャラメルとナッツのハーモニー

便利なサービスも充実
●箱根キャリーサービス
提携する260の宿まで手荷物を届けてもらえる。構内サービスカウンターで手続きを。通常サイズ1個900円。
●手荷物一時預り所
当日の夕方まで手荷物を一時的に預けたい人はココへ。1個700円。
●コインロッカー
ホームと駅1階、駅2階にある。24時間利用可能。400〜700円の3サイズ。

箱根湯本駅 2F
宮ノ方面下　特急券うりば　きっぷうりば　箱根キャリーサービス(1F)　小田原方面
手荷物一時預り所
1Fへ　コインロッカー
改札　ホームへ
デッキ横断
おいものおみせ　箱根おいも大学前
箱根の市
箱根カフェ

ベーコンエピ
280円
皮がパリッとしていてベーコンの塩味が利いたパン。**B**

＼小腹が空いたら／

＼駅弁も種類豊富に揃っています／

「箱根の市」には34種類の駅弁がズラリ。内容や大きさも多数あるのでじっくり選んで。写真は茶飯の上にエビやホタテ、山菜など箱根の山の幸、海の幸のった、箱根山海1000円。帰りの車中で味わうのにぴったりです。

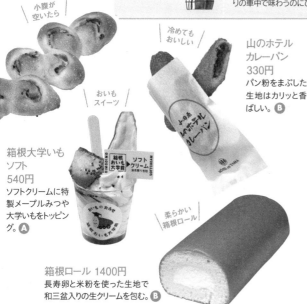

＼冷めてもおいしい／

山のホテル カレーパン
330円
パン粉をまぶした生地はカリッと香ばしい。**B**

＼おいもスイーツ／

箱根大学いもソフト
540円
ソフトクリームに特製メープルみつや大学いもをトッピング。**A**

＼柔らかい箱根ロール／

箱根ロール 1400円
長寿卵と米粉を使った生地で和三盆入りの生クリームを包む。**B**

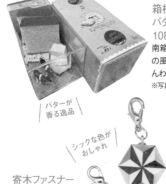

＼バターが香る逸品／

箱根プレミアム バターカステラ
1080円
南箱根の厳選バターの風味が口の中でふんわりと広がる。**C**
※写真はイメージ

＼富士山の絵をプリント／

箱根ドレッシング
各200㎖810円
あっさりした甘さでコクがあるセサミと、ほんのりピリ辛のオニオンの2種類がある。**C**

＼シックな色がおしゃれ／

寄木ファスナーフック 各605円
箱根伝統の寄木細工が手軽なフックに。バッグや服のファスナーにさりげなく付けてみて。**C**

改札外 2F

A おいものおみせ
はこねおいもだいがくまえ

おいものおみせ 箱根おいも大学前

サツマイモスイーツの専門店。おいもちっぷ 特製メープルみつ480円やおいもソフト490円などのテイクアウトフードが充実している。

☎0460-83-8387 🏠箱根町湯本707 箱根湯本駅2階 🕐10〜18時 🈚無休 🚉箱根湯本駅改札外 🅿なし
MAP P135E3

改札外 2F

B はこねかふぇ

箱根カフェ

ロマンスカーを眺めながらひと息つける。イートイン限定のケーキは単品450円、ドリンクセット800円。

☎0460-85-8617 🏠箱根町湯本707 箱根湯本駅2階 🕐10〜17時（土・日曜、祝日は〜19時）🈚無休 🚉箱根湯本駅改札外 🅿なし
MAP P135E3

改札外 2F

C はこねのいち

箱根の市

箱根の人気店や名ホテルの品々、箱根登山電車のオリジナルグッズなど、品揃えが豊富。旅最後のおみやげ探しはココに決定！

☎0460-85-7428 🏠箱根町湯本707 箱根湯本駅2階 🕐9〜20時 🈚無休 🚉箱根湯本駅改札外 🅿なし
MAP P135E3

箱根湯本駅のホームには、旅行者のために観光施設のパンフレットを集めたコーナーもあります。

箱根の玄関口、箱根湯本商店街のとっておきのお店を紹介します

箱根湯本駅の周辺には散策にぴったりの商店街があります。
お腹が空いたら地元グルメを満喫しましょう。

箱根湯本商店街ってこんなところ

箱根の玄関口、箱根湯本駅前に広がる商店街。銘菓や海産物など、みやげ物を扱う商店や飲食店が約40軒立ち並び、周辺には約50軒の宿泊施設が点在。箱根一賑わう商店街だ。

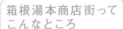

☀おすすめ ティラミス プレーン450円(下)、ティラミスソフト540円(右)

スイーツ

❷ はこねてゑらみす 箱根てゑらみす

ティラミスの専門店

箱根の麓にある「そうけい珈琲」のコーヒー豆や、国産マスカルポーネチーズを使用したティラミスが人気。ランタン型のパッケージはおみやげにも最適。

☎0460-85-5893 🏠箱根町湯本706-1 🕙10〜17時 🈺水曜(祝日の場合は営業) 🚋箱根湯本駅から徒歩1分 Ｐなし MAP P135E3

↩のれんや店内には箱根ゆかりの偉人のイラストが

カフェ

❶ ちゃのちもと 茶のちもと

心落ち着く空間で一服

創業70年を迎えた和菓子店「ちもと」が営むカフェ。白い繭をイメージした店内で、ちもとの和菓子をお茶とともにぜひ味わいたい。

☎0460-85-5632 🏠箱根町湯本690 🕙10〜16時LO(土・日曜、祝日は〜17時LO) 🈺元日、年数回不定休 🚋箱根湯本駅から徒歩5分 Ｐなし MAP P135E4

☀おすすめ かき揚げやご飯などが付く豪華なそば御膳1400円

🔽1階はテーブル席、2階は座敷になっている。全70席

ちもとのお菓子とお茶のセットは850円。月替わりの季節のお菓子も選べる

和食

❸ りょうりぢゃやはなさがみ 料理茶屋花さがみ

海の幸や地元食材をお手頃価格で

駿河湾や相模湾で水揚げされる魚介類や、地元の素材を生かした和食の店。人気のどんぶりは山かけどんぶり2200円〜など。定食や甘味も。

☎0460-85-5160 🏠箱根町湯本703 🕙11〜15時LO、17時〜19時30分LO 🈺火曜(祝日の場合は営業。季節により変動あり) 🚋箱根湯本駅から徒歩3分 Ｐなし MAP P135E4

⬆大きなエビの天ぷらなどを盛り付けた天丼2100円

裏通りにある
和菓子店の
足湯です

「九頭龍神社」（☞P83）にちなんだ和菓子などを販売する「箱根縁結び 福久や 九頭龍餅」の店頭には、源泉かけ流しの湯を引く足湯（¥200円）があります。
☎0460-85-8818 ◐9時〜17時30分(土・日曜、祝日は〜18時) ㊡不定休 MAP P135E4

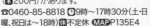

ピッツァ

④ はちまるはち もんすまーれ
808 Monsmare

石窯で焼き上げるピッツァを堪能

箱根近隣の山海の幸を生かし、ナポリから取り寄せた石窯で焼き上げたグリル料理を味わえる。特に、種類豊富に揃うピッツァは必食だ。
☎080-2788-0808 ㊟箱根町湯本698-10
◐11時〜14時30分LO、17時〜20時30分LO ㊡水曜 ㊂箱根湯本駅から徒歩3分
Ⓟなし MAP P135E4

↑地場産の薪を使い、400℃近い温度で焼き上げる

↑外国人観光客も多いカジュアルな雰囲気のレストラン

おすすめ
シラス、ミニトマト、大葉などをのせた小田原ネオナータ2398円

カフェ

⑤ かふぇ ていむにー
cafe Timuny.

早川沿いにある隠れ家カフェ

大通りの裏側にある2階建てのカフェでは、街の喧騒を忘れてくつろげる。5時間かけて抽出した水出しコーヒー520円や、自家製チーズケーキ600円でひと息つこう。
☎0460-85-7810 ㊟箱根町湯本706-32
◐10時〜18時30分LO ㊡水曜 ㊂箱根湯本駅から徒歩2分 Ⓟなし MAP P135F3

➔早川に面してひっそりと立つ店

おすすめ
コクがあり濃厚な自家製チーズケーキ。ドリンクセット850円

ラーメン

⑥ めんどころ さい
麺処 彩

旨みを凝縮した鯛ラーメン

オーナーが、釣った鯛を余すことなく味わってほしいと考案した鯛ラーメンが名物。鯛の頭と昆布からだしをとったスープが絶品だ。自家製の真鯛昆布〆750円も人気。
☎0460-83-8282 ㊟箱根町湯本706
丸嶋ビル3階 ◐11時〜15時 (14時30分LO) ㊡火・水曜 ㊂箱根湯本駅から徒歩1分 Ⓟなし MAP P135F3

おすすめ
鯛めし焼きおにぎりがセットで付く鯛ラーメン（塩）1260円

←ビルの3階にあり、店内から商店街を見下ろせる

箱根湯本商店街

📖 商店街のみやげ店は17時前後で閉店し、飲食店も遅い時間まで営業していないので気を付けましょう。

あじさい電車で出発進行！
初夏を感じるプチ鉄旅

箱根登山電車で山をトコトコ上りながら車窓の風景を楽しみましょう。
職員の手で育てられた沿線のアジサイは初夏の風物詩です。

はこねとざんでんしゃ
箱根登山電車

夏の訪れを告げる
アジサイが人気

大正8年(1919)に開通した、日本有数の山岳鉄道。小田原駅と強羅駅の間、約15kmを運行し、湯坂山など山の中や、早川渓谷沿いをゆっくりと進んでいく。6月中旬から7月中旬には、沿線にアジサイが咲き誇り、「あじさい電車」の愛称で親しまれている。大きな展望窓がある「アレグラ号」も運行。

☎0465-32-6823(箱根登山鉄道 鉄道部) ⏱箱根湯本駅発強羅行き始発6時12分、最終22時37分 🅼 P134B1

ライトアップもステキな、
夜の「あじさい電車」

開花時期に合わせて、夜に沿線のアジサイのライトアップを実施。運行期間は6月下旬〜7月初旬で、ライトアップは18時30分〜22時。昼間とはひと味違った幻想的な沿線の景色を楽しむことができる。

ライトに照らされるアジサイの美しさを堪能しよう

はこねごうらこうえん
箱根強羅公園

6月下旬から7月中旬には、園内に植えられた、ヤマアジサイが見頃を迎える。毎年6月上旬から約1カ月間、富士の滝などの珍しいアジサイを集めた「あじさい展」を開催する。
DATA ☞P54

公園のシンボルとなっている大きな噴水池

標高541m
強羅駅

3分

箱根登山ケーブルカーへの乗り換え駅

あじさいの小径とよばれる散歩道が線路沿いに続く

標高539m
彫刻の森駅

3分

アジサイポイント
彫刻の森駅手前

標高523m
小涌谷駅

5分

標高436m
宮ノ下駅

アジサイポイント
あじさいの小径

アジサイの株数がNo.1

標高337m
大平台駅

アジサイポイント
大平台駅手

7分

3分

アジサイポイント
小涌谷駅先

アジサイポイント
仙人台信号場

アジサイポイント
上大平台

信号場
上大平台

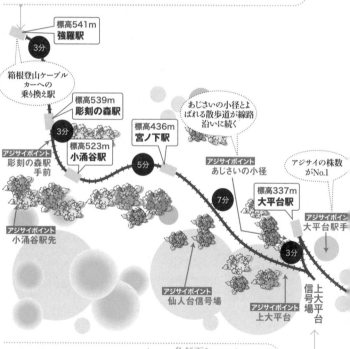

スイッチバック

急斜面を
上るための工夫

急な山の斜面を上るために、進行方向の前後を変えながら、ジグザグに進む工夫がなされている。出山信号場、大平台駅、上大平台信号場の3カ所で行われ、到着すると運転士と車掌が入れ替わる。

出山信号場で行われるスイッチバックの様子

アジサイってこんな花です

アジサイ
（紫陽花・アジサイ科）

梅雨から夏にかけて花が咲く落葉低木。沿線で見られるアジサイの多くはセイヨウアジサイで、青や紫、赤色など花の色が豊富。標高の低い箱根湯本駅周辺から順番に咲いていきます。

青や紫の花を咲かせるセイヨウアジサイ

ガクを中心に装飾花をつけるガクアジサイ

箱根湯本・塔之沢 あじさい電車でプチ鉄旅

| ココで金運アップ↑ |

駅のホームから直接参拝できるというのがユニーク

ふかざわぜにあらいべんてん
深沢銭洗弁天

塔ノ沢駅の上り方面のホームに隣接している弁天さま。水洗い場があり、そこでお金を洗うと、ご利益があるといわれている。大正時代の実業家で、松井証券の創業者、松井房吉によって寄贈された。

🚌バス停塔ノ沢から徒歩10〜15分 📞🕐休
参拝自由 🚉塔ノ沢駅直結 Ｐなし MAP
P134C1

| 箱根の古刹 |

あみだじ
阿弥陀寺

室町時代に創建された皇女和宮の供養寺で、住職による琵琶演奏や説法も聞ける（演奏は、1日1回11時〜、3人以上で要予約。抹茶付きでお布施は1000円）。11〜4月は境内の椿が見頃に。

📞0460-85-5193 🏠箱根町塔之澤24 Ｙ
🕐休参拝自由 🚉塔ノ沢駅から徒歩23分
Ｐ20台 MAP P133D2

山道を上った先に立つ歴史ある寺

卍
阿弥陀寺

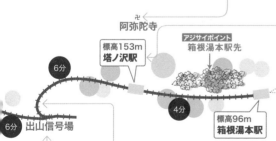

アジサイポイント
箱根湯本駅先

標高153m
塔ノ沢駅

6分

標高96m
箱根湯本駅

6分
出山信号場

4分

アジサイの見頃は少し早めの6月中旬から下旬

| 沿線一の絶景スポット |

はやかわきょうりょう（でやまのてっきょう）
早川橋梁（出山の鉄橋）

塔ノ沢駅から強羅方面に進むと現れる鉄橋。川面まで約40mあり、その景観は沿線でも随一を誇る。新緑や紅葉など、四季折々の風景が車窓の外に広がる。 MAP P134B1

国の登録有形文化財に指定されている、歴史ある鉄橋

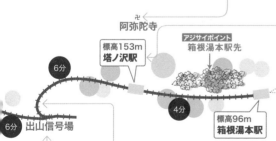

📖 アジサイだけでなく、大平台駅付近の沿線に咲くシダレザクラも見事です。毎年4月中旬が見頃です。

箱根へのアクセスの定番！
小田急ロマンスカー徹底ガイド

新宿駅から箱根湯本駅まで最速75分。各車両内には、
旅を快適にする設備が揃っています。展望車からの風景も人気です。

GSE（70000形）
2018年3月に登場。展望席は、前面窓に大型の1枚ガラスを使用、先頭車両は荷棚をなくすことでよりダイナミックな眺望が楽しめる。案内用点字や車いす用スペース・座席も完備。

おだきゅうろまんすかー
小田急ロマンスカー

時代とともに進化する特急列車

箱根への足として親しまれる小田急電鉄の特急列車「ロマンスカー」。名前の由来はカップル用の2人掛けの対面座席を設けたことからそうよばれるようになったとか。日本で初めて座席指定特急が地下鉄に乗り入れたことでも話題になった。また、一時休止されていた補助警報音（ピーポー音）もGSEやMSEに使われている。

きっぷ運賃					特急料金
新宿	500円	500円	1000円	1200円	
320円	新百合ヶ丘	500円	750円	950円	
380円	220円	町田	750円	950円	
900円	640円	600円	小田原	200円	
1260円	1000円	960円	360円	箱根湯本	

※きっぷ運賃とICカード運賃は異なる。
ロマンスカーの利用にはきっぷ運賃と特急料金が必要。「EMot」や「ロマンスカーナビ」などのオンライン特急券は50円割引となる。
☎044-299-8200（小田急お客さまセンター 9〜17時）🌐HPで要確認
MAP P133F1

小田急ロマンスカー主な停車駅

新宿
北千住
大手町
成城学園前
新百合ヶ丘
町田
相模大野
片瀬江ノ島
海老名
御殿場
本厚木
伊勢原
秦野
小田原
箱根湯本

車内の特徴を CHECK!

◀GSE（70000形）の展望席。超大型3次元ガラスを使用したフロントガラスは窓枠がなく開放感がある ▲車いすでも安心して利用できるGSE（70000形）の専用車いすスペース

▶ドーム型天井の間接照明が落ち着いた空間を演出するMSE（60000形）

歴代のロマンスカーがズラリ

小田急線海老名駅直結の「ロマンスカーミュージアム」では、歴代の車両を展示しています。季節にあわせたイベントも実施。☎046-233-0909（10～17時）🄟海老名市めぐみ町1-3 🄨入館900円

▶小田急線沿線を再現した巨大な鉄道ジオラマも必見。▼引退した5車種を展示するロマンスカーギャラリー

◀EXEα（30000形）車内にある専用のラゲージスペース。シートはブルーが基調 ▼EXEα（30000形）のコンセント。テーブルはノートパソコンを置けるサイズ

ロマンスカーラインナップ

MSE（60000形）
東京メトロ千代田線に乗り入れている。座席は人間工学に基づいて薄型にし、長距離でも疲れない座り心地を確保。画家のフェルメールが好んで使った光沢のあるフェルメール・ブルーが印象的。

EXEα（30000形）
EXE（30000形）をリニューアル。2017年3月に登場。シート上部のつかまりやすい手掛け、シート背面の傘用ホルダー、スーツケースを置ける専用のラゲージスペースなどを設置している。

EXE（30000形）
1996年にデビュー。観光だけではなく、ビジネスでも利用する人が多いことから、ロマンスカーのなかで最も座席定員が多い。2007年にはロングライフデザイン賞にも選定されている。

ココにも行きたい

箱根湯本・塔之沢のおすすめスポット

🌲 早雲寺
戦国武将、北条早雲ゆかりの古刹

大永元年（1521）に、北条氏綱が父である早雲の遺言によって創建した禅寺。豊臣秀吉が小田原城攻めの際に一時本陣を置いた場所としても知られ、そのときに陣鐘として使用されたという梵鐘が境内に残っている。江戸時代寛永年間に、十八世菊径宗存和尚によって再建された。**DATA** ☎0460-85-5133 🏠箱根町湯本405 🅥🅑境内自由 🚉箱根湯本駅から徒歩15分 🅿8台（法要などで駐車規制あり）**MAP**P135F4

小田原城主、北条氏の菩提所として知られる。本堂は保存修復されたもの

境内にある梵鐘は神奈川県の重要文化財に指定されるほど由緒あるもの

🏛 本間寄木美術館
寄木細工の魅力がつまった美術館

江戸から昭和時代までの貴重な寄木細工作品、約200点を展示。作品鑑賞だけでなく、伝統工芸士による実演見学や、コースター作り（1人1100円、2名以上）の体験教室なども魅力的。売店では工房で制作された作品を直売している。**DATA** ☎0460-85-5646 🏠箱根町湯本84 🅥500円 🕙10〜16時 🈺無休 🚉入生田駅から徒歩9分 🅿15台 **MAP**P133E2

🍴 箱根かれー 心
箱根発のオリジナルカレー

じっくり煮込んだブイヨンと17種類のスパイスで作るカレーは、延命の水といわれる玉簾の瀧（☞P45）の湧水を使用。豚の角煮や野菜がたっぷり入った"心"カレー1350円など、8種類のメニューが揃う。**DATA** ☎0460-85-8556 🏠箱根町湯本475-8 地下1階 🕙11〜14時LO、17時〜19時30分LO 🈺月曜（祝日の場合は営業）🚉箱根湯本駅から徒歩9分 🅿なし **MAP**P135E4

🍴 木のぴーはうす
アットホームな雰囲気が魅力

オーナー夫婦が切り盛りする洋食店。昼の日替わりランチ1300円は、肉や魚などのメインにライス、スープ、サラダが付く。火・金曜のメインである、ボリュームたっぷりのハンバーグは単品1300円でも注文可。**DATA** ☎0460-85-5156 🏠箱根町湯本206 🕙11時30分〜14時、18〜20時 🈺月曜（祝日の場合はランチのみ営業）🚉箱根湯本駅から徒歩9分 🅿3台 **MAP**P135F2

🍴 ステーキハウス吉池
箱根で神戸スタイルのステーキを

吉池旅館（☞P23）のステーキハウス。国産牛のステーキをシェフが目の前で豪快に調理してくれ、まさに五感でステーキを味わえる。ランチタイムでは、本格鉄板焼きステーキが4200円〜と、お得に利用することができる。**DATA** ☎0460-85-5714 🏠箱根町湯本597 🕙11〜14時30分LO、17時〜19時30分LO 🈺水曜 🚉箱根湯本駅から徒歩7分 🅿70台 **MAP**P135D4

column
温泉街を風を切って人力車で巡りましょう

箱根の名所を知り尽くした俥夫のガイドを聞きながら、温泉街を巡る「人力車海風屋」。江戸情緒を感じながら、いつもとはひと味違う観光を楽しんでみてはいかが。**DATA** ☎090-3930-1895 🏠箱根湯本駅前、あじさい橋のたもと 🅥2名20分4000円〜 🕙9時〜日没 🈺雨天時 🚉箱根湯本駅から徒歩すぐ 🅿なし **MAP**P135F3

🍣 はこね中村家
地元の新鮮な魚で握る寿司

定番人気はアジ・アナゴ寿司2640円。小田原港で毎日仕入れる、活きのいいアジを使っている。50年以上継ぎ足してきたツメを塗った、江戸前のアナゴはとろけるような味わいでリピーターも多い。エビやイカのある10〜5月限定の蒸し寿司2860円も人気。**DATA** ☎0460-85-7351 🏠箱根町湯本691 🕙11時30分〜18時 🈺水曜 🚉箱根湯本駅から徒歩4分 🅿なし **MAP**P135E4

🍚 鯛ごはん懐石 瓔珞
香り豊かな鯛ごはんが自慢

新鮮な真鯛で作った鯛ごはんが評判。昆布だしで炊いたご飯の上に、丁寧にほぐした鯛の身がちりばめられている。鯛のカマのあら炊きや、瓔珞豆腐などが付く、瓔珞 鯛ごはん4380円。テイクアウトの鯛ごはん弁当1500円〜も人気。**DATA** ☎0460-85-8878 🏠箱根町湯之澤84 🕙11時30分〜14時30分LO ※12歳以下は入店不可 🈺水曜 🚉箱根湯本駅から徒歩12分 🅿6台 **MAP**P134C1

菊川商店
きくがわしょうてん

ひと口サイズの洋風まんじゅう

65年以上のロングセラーのカステラ焼箱根まんじゅうは、10個入り800円〜。卵をふんだんに使って作る、ふんわりとしたカステラ生地が人気の秘密。なかには自家製の白餡が入っている。蒲鉾などの加工品も販売する。**DATA**☎0460-85-5036 住箱根町湯本706 時9〜18時 休木曜（祝日の場合は変動あり）交箱根湯本駅から徒歩1分 Pなし **MAP**P135F3

丸嶋本店
まるしまほんてん

長年親しまれる箱根の定番みやげ

明治30年代に創業した、老舗の温泉まんじゅう店。元祖箱根温泉饅頭10個入り980円は、白と茶色の2種類があり、生地の中に甘さ控えめのこし餡が入っている。店頭で蒸したてを味わうなら、1個95円のバラ売りもおすすめ。**DATA**☎0460-85-5031 住箱根町湯本706 時8時30分〜17時30分（季節により変動あり）休原則として無休 交箱根湯本駅から徒歩1分 Pなし **MAP**P135F3

箱根SAGAMIYA
はこねさがみや

木の実を使った香ばしいスイーツ

木の実のスイーツ屋がコンセプトの店。7種類のナッツをキャラメル生地に練り込んだ、ナッツヴェセル513円〜は、くるみやヘーゼルナッツの風味と、パリパリとした生地がたまらない。栗や落花生をパイ生地で包んだ箱根マロンパイ1個330円も人気。**DATA**☎0460-85-6610 住箱根町湯本706-35 時9〜17時（季節により変動あり）休火曜 交箱根湯本駅から徒歩1分 Pなし **MAP**P135F3

田雅重
たがじゅう

バラエティ豊かなオリジナル商品が並ぶ

小田原名物の練り物やワサビ製品が豊富に揃う。ブランデーを隠し味にして香ばしく焼き上げた焼きかまぼこ6個入り1296円や、すりおろしワサビの中にザク切りワサビがたっぷり入ったあらぎりわさび594円がおすすめ。全国からの取り寄せ注文も多い。**DATA**☎0460-85-5770 住箱根町湯本702 時9〜17時30分 休木曜 交箱根湯本駅から徒歩2分 Pなし **MAP**P135E3

箱根焙煎珈琲
はこねばいせんこーひー

こだわりコーヒー&ソフトクリーム

注文を受けてから生豆を焙煎するコーヒー豆の専門店。煎りたての珈琲400円はマイルドな味わいで、さわやかな余韻が残る。甘さ控えめで風味豊かな珈琲牛乳ソフト400円もおすすめ。どちらも店の前にあるベンチで味わおう。**DATA**☎0460-85-5139 住箱根町湯本702 時10時30分〜17時（土・日曜、祝日は10時〜）休不定休 交箱根湯本駅から徒歩2分 Pなし **MAP**P135E4

村上二郎商店
むらかみじろうしょうてん

バラエティ豊かな梅干しがズラリ

契約農家が育てた国産の梅を使った、梅干しを販売。紀州漬の南高梅を甘口に漬け込んだ、味びっくり1個190円や、唐辛子入りの梅太子200g1450円などが並んでいる。甘酸っぱい梅ジャム梅びしゃ180g780円はトーストだけでなく、ご飯にも合う。**DATA**☎0460-85-6171 住箱根町湯本702 時8時30分〜18時 休無休 交箱根湯本駅から徒歩2分 Pなし **MAP**P135E4

ひより箱根湯本店
ひよりはこねゆもとてん

天然和紙の上質なあぶらとり紙

金箔製造と同じ工程で作る、あぶらとり紙が自慢。和紙をプレスして極限まで薄く延ばすことで、紙の繊維がほぐれ、吸湿性に優れたあぶらとり紙ができあがる。パッケージに箱根の風景が描かれた「富士山」や「温泉宿」大判各495円など、8種類41アイテムが揃う。**DATA**☎0460-85-7055 住箱根町湯本702-1 時10〜17時 休不定休 交箱根湯本駅から徒歩3分 Pなし **MAP**P135E4

竹いち
たけいち

職人が手作りする練り物製品

多くの客が目当てとする看板商品は、すり身だんご6個入り1080円。グチやタラなどの白身魚を石臼で丹念にすりつぶして、野菜を混ぜて揚げている。ほどよい甘さのタマネギと、シャキシャキとした食感が楽しめるゴボウの2種類。季節限定の商品もあるのでチェックしてみよう。**DATA**☎0460-85-6556 住箱根町湯本729 時9〜17時 休木曜 交箱根湯本駅から徒歩4分 P1台 **MAP**P135E4

箱根最古の湯本温泉には、早雲寺や正眼寺などの歴史ある寺が点在しています。

これしよう！

ピクニック気分で
アート鑑賞

広大な芝生の庭園にアート作品が点在する彫刻の森美術館へ。（☞P52）

寄木模様の
かわいいケーキ

これしよう！

明治期の面影を
感じながら散策を

国内外の著名人に愛された温泉街ではクラシカルな店も魅力。（☞P48）

これしよう！

大涌谷から
絶景を楽しんで

煙が噴き上がる大涌谷は箱根の温泉気分を味わえるポイント。（☞P58）

梅干入り
あんぱん！

箱根リゾートの中心として発展

宮ノ下・小涌谷・強羅は
コチラにあります！

宮ノ下・
小涌谷・強羅

みやのした・こわきだに・ごうら

こんなところ

明治時代に富士屋ホテルが開業して以来、リゾート地として発展した宮ノ下。多くの外国人観光客に愛され、セピア通りには往時を物語るアンティークショップが軒を連ねる。箱根登山電車沿線の小涌谷や彫刻の森には、レジャー施設が点在。終着駅の強羅は箱根湯本に次ぐ温泉地だ。

access

〈電車で〉●箱根湯本駅から箱根登山電車で宮ノ下駅まで26分、小涌谷駅まで33分、強羅駅まで37分

〈車で〉●箱根口ICから国道1号で宮ノ下まで約9km、小涌谷まで約12km、国道1号・県道723号で強羅まで約14km

問合せ
☎0460-82-1311
宮ノ下観光案内所
MAP P137F1

問合せ
☎0460-82-2300
箱根強羅観光協会
MAP P136B1

46

～宮ノ下・小涌谷・強羅 はやわかりMAP～

徒歩ルート
電車ルート

強羅駅から早雲山、大涌谷方面へ
強羅駅はケーブルカーの東側の起点で、箱根登山電車と接続。

秀吉が浸かった太閤石風呂
小田原入城の際、入湯したという。現在、温泉は出ていない。

5 銀かつ工房 (☞P61)
6 箱根銀豆腐 (☞P61)

箱根の山を登る あじさい電車
箱根登山電車沿線のアジサイは、6月中旬～7月中旬が見頃。

彫刻の森美術館 (☞P52)

3 箱根自然薯の森 山薬 (☞P61)

2 宮ノ下セピア通り (☞P48)

NARAYA CAFE (☞P49)

1 宮ノ下駅

観光のヒント
小田急線往復1回と7つの乗り物乗り放題

乗り物を満喫するなら、登山電車、バス、ケーブルカー、ロープウェイなどが乗り放題の箱根フリーパス（新宿から6100円、2日間）がお得。

宮ノ下・小涌谷・強羅

おすすめコースは
5時間

みどころが広範囲にわたるエリア。宮ノ下から小涌谷、強羅駅周辺は坂が多いので、電車やバスを利用して回るのが基本。強羅駅に着いたら、名物の豆腐料理を味わおう。

スタート
箱根登山電車 宮ノ下駅
▶ 徒歩すぐ

1 カフェ
NARAYA CAFE
▶ 徒歩3分

2 見る
宮ノ下セピア通り
▶ 徒歩9分

3 食べる
箱根自然薯の森 山薬
▶ 箱根登山電車で12分、彫刻の森駅から徒歩2分

4 見る
彫刻の森美術館
▶ 徒歩9分の宮ノ下駅から箱根登山電車で3分、強羅駅から徒歩3分

5 買う
銀かつ工房
▶ 徒歩1分

6 買う
箱根銀豆腐
▶ 徒歩2分

ゴール
箱根登山電車 強羅駅

ステキな風景にうっとりしたい、宮ノ下セピア通りをぶらりお散歩

富士屋ホテルをはじめ、クラシカルな店が並ぶセピア通り。
ぶらりと歩いてみれば、レトロな写真も撮れそうです。

宮ノ下セピア通りってこんなところ

富士屋ホテルを中心に栄えた宮ノ下のメインストリート。古い写真がディスプレイされた写真館や骨董品店が軒を連ね、明治期の面影と外国人に愛された独特の雰囲気が今も残る。

車の通行量が多い国道1号線沿いなので注意しながら散策を

↑本館は明治24年（1891）に建造された

↑花御殿を望むラウンジでケーキを

ホテル

① 富士屋ホテル
ふじやほてる

憧れのホテルを日帰りで

セピア通りで目を引く和洋折衷の建物は、明治時代に創業したクラシックホテル。レストランなどはビジター利用も可能だ。ラウンジではスイーツセット マーブルケーキ寄木細工風2600円などを味わえる。

←しおり500円は「ホテル・ショップ」で販売

🕐ラウンジ9時30分〜17時LO、ホテル・ミュージアム7〜21時、ショップ8〜20時
🈳無休 （DATA）☞P116

↑入場無料の「ホテル・ミュージアム」

骨董店

② S.M.SHIBA 美術商 芝商店
えす えむ しば びじゅつしょう しばしょうてん

貴重な美術品に魅了される

明治20年（1887）に横浜で創業後、明治時代末期に移転。色彩鮮やかな中国の古陶磁器をはじめ、浮世絵木版画、西洋のアンティークアクセサリーを扱う。

☎0460-82-2120 🏠箱根町宮ノ下223
🕐10〜18時 🈳水曜（祝日の場合は営業）
宮ノ下駅から徒歩7分 🅿なし （MAP）P137E1

↑アンティークガラスを使ったピアス9700円（変動あり）

↑古美術収集の好きな女性たちが多く訪れる

↑富士屋ホテルと同じ宮大工が手がけたおしゃれな外観

「宮ノ下ノスタルジー」を
テーマにした
アート

セピア通り周辺に立つノスタルジックなアート作品に注目しましょう。手がけたのは個性豊かな若手の作家たち。宮ノ下駅前など5カ所にあります。写真は「縁」えにし（MAP P137F1）。
☎0460-82-1311（宮ノ下観光案内所）

写真館

❸ 嶋写真店
しましゃしんてん

確かな技術で撮り続ける老舗写真館

ヘレン・ケラーや三島由紀夫など、国内外の著名人を撮影してきた写真店。ショーウインドーには歴史を物語る写真が並ぶ。セピア通りを訪れた記念に撮影してみては。

☎0460-82-3329 ⊕箱根町宮ノ下372 ⊙10〜18時 ㊡不定休 ㊩宮ノ下駅から徒歩4分 Ⓟ1台 MAP P137E1

↑セピアカラーの写真撮影は1カット5500円〜

↑築50年の建物を改装。急な階段や古い梁が目を引く
←足湯などには奈良屋旅館時代の源泉が使われている

カフェ

❹ NARAYA CAFE
ならや かふぇ

コーヒーと足湯で身体も心もホカホカに

江戸時代創業の奈良屋旅館が母体のカフェ。足湯に浸かりながらドリンクや軽食、白玉がのったナラヤパフェ680円を。2023年4月にはサウナもオープン。

☎0460-82-1259 ⊕箱根町宮ノ下404-13 ⊙10時30分〜17時 ㊡水曜、第4木曜 ㊩宮ノ下駅から徒歩すぐ Ⓟ5台 MAP P137F2

↑店内には歴史を感じる奈良屋旅館の看板が飾られている

↑最中のならやん280円、柚子スカッシュ450円

↑明治11年（1878）創業。著名人や箱根の風景写真が店頭を飾る

レストラン

❺ クッチーナ ソラアンナ
くっちーな そらあんな

素材を生かしたイタリアン

箱根やイタリアで修業を積んだシェフが、シンプルな調理法で地元の食材のおいしさを引き出す。前菜、手打ちパスタ、デザートをそれぞれ3〜4種から選べるランチコース2915円。

☎0460-83-8016 ⊕箱根町宮ノ下105 ⊙11時30分〜14時30分 ㊡月曜 ㊩宮ノ下駅から徒歩2分 Ⓟ2台 MAP P137F2

↑ランチの一例、オレキエッテなど

←全6席の小ぢんまりとしたレストラン

宮ノ下

自然豊かな空間で
東洋美術の粋にふれましょう

国内外から蒐集された東洋美術の至宝が一堂に集まる美術館。
約1万5000㎡の庭園や足湯カフェなどもあり、自然の中で美術品鑑賞できます。

時代の流れや流派によって分けられた展示室。展示面積は約5000㎡と広大

桃山・江戸時代〜現代の日本絵画、東洋のやきものや漆工芸など、さまざまな作品が5階15室からなる展示室に並んでいる

おかだびじゅつかん
岡田美術館

見学時間
2時間

東洋美術の粋を集めた
美の殿堂

珠玉の東洋美術品を鑑賞できる美術館。明治時代の宿泊施設「開化亭」跡地に建設され、古代〜現代の日本、中国、韓国の陶磁器や絵画、仏教美術などの名品を常時約450点展示している。広大な庭園も散策できるほか、敷地内には飲食施設や、足湯カフェもある。

☎0460-87-3931 🏠箱根町小涌谷493-1 ￥2800円(庭園は入園料300円) 🕘9〜17時 🈺12月31日〜1月1日、展示替期間 🚌バス停小涌園から徒歩すぐ 🅿80台 MAP P136B4

1『深川の雪』(部分) 喜多川歌麿(1802〜06年頃)／歌麿『雪月花』三部作のひとつ。深川の料理屋の座敷を描いた晩年の最高傑作 2『三十六歌仙図屏風』(部分) 伊藤若冲(1796)／琴にまたがったり、琵琶を背負ったりと、遊び戯れる36人の歌仙をユーモアに描いた作品 3『色絵竜田川文透彫反鉢』尾形乾山(18世紀)／器内外に描かれたモミジの葉と透かしが調和した華やかな逸品。重要文化財

大壁画を眺めながら
足湯を楽しもう

美術館正面の「大壁画」を眺めながら「足湯」に浸かれます。プレミアムコーヒー400円などのドリンクを味わいながら、くつろぎタイムを過ごしましょう。¥入湯料500円（美術館入館者は無料）🕙9〜17時

春の新緑や秋のモミジなど、四季折々の景観に癒やされる

作品『風・刻』足湯に浸かって名画鑑賞を

1 GW前後には、敷地内のボタン約400株が見頃を迎える 2『風神雷神図屏風』を創造的に表現した展示棟の大壁画『風・刻』（かぜ・とき）。福井江太郎作

山の斜面を利用した約1万5000㎡の庭園。約30分の散策コースが整備されている

1 看板メニューの豆アジ天うどん2200円にはサクサクのアジ天がのる 2 カウンター席は足が伸ばせる 3 落ち着いたたたずまいの外観

ここでひと休み
かいかてい
開化亭

名物のうどんでランチ

昭和初期の日本家屋を改装した飲食施設。庭園入口にあり、個性豊かなうどんやドリンクを、窓外の緑を眺めながら味わえる。

🕙11〜17時（16時30分LO）

ミュージアムグッズも見逃せない！

美術館入口のショップには作品図録やポストカードなど、ここでしか手に入らないオリジナルグッズが揃う。
🕙9〜17時

円形はがき
各160円
かわいらしいやきものの円形絵はがき

クリアファイル
380円
3つ折りになったクリアファイル。琳派の名品をプリントした人気のアイテム

しおり（香入り）
各420円
白檀などの香木が入った和紙製のしおり。手刷りの絵がかわいらしい

本染めの手ぬぐい
各1200円
箱根みやげにぴったりの手ぬぐいはタペストリーとして飾っても◎

📖 岡田美術館では、講演会やギャラリートークなどさまざまなイベントを開催しています。詳細はHPで。

宮ノ下・小涌谷・強羅 ● 東洋美術の粋にふれましょう

野外を歩きながらアート鑑賞。
彫刻の森美術館の魅力に迫りましょう

雄大な山々と広い空をバックに点在する個性豊かな彫刻群。
箱根の自然を満喫しながら巨匠たちの名作を鑑賞しましょう。

幸せをよぶシンフォニー彫刻
ガブリエル・ロアール

ステンドグラスから差し込む光が美しい高さ18m、内径8mの塔。らせん階段を昇ると、全景と箱根の山々が望める

人とペガサス
カール・ミレス
ギリシャ神話の英雄ベレロフォンがペガサスに乗り、怪物キマイラの退治に向かう躍動感が伝わる

嘆きの天使
フランソワ=ザビエ
クロード・ラランヌ
水面に映る自分の姿に陶酔し、涙を流し続ける天使の像

彫刻の森美術館
ちょうこくのもりびじゅつかん

見学時間 1時間30分

箱根の山々を背景にしたミュージアム

昭和44年（1969）に開館した日本初の野外美術館。約7万㎡の広大な敷地に約120点の彫刻作品が展示されている。のんびり散策しながら、箱根の自然に溶け込むように立つ作品を眺めたい。ピカソ館など室内展示場や足湯、カフェやショップもチェックして。☎0460-82-1161 箱根町二ノ平1121 ¥1600円 ⏰9～17時（入館は閉館の30分前まで）休無休 交彫刻の森駅から徒歩2分 P400台（5時間まで500円）
MAP P136C3

ここでひと休み

ざ はこね おーぷん・えあ みゅーじあむ かふぇ
The Hakone Open-Air Museum Café

アートとともにひと休み

窓外の緑と野外の彫刻を眺めながらくつろげる開放的なカフェ。日本茶セット（写真）600円（14時～16時30分）のほかコーヒー、紅茶各400円、ホットドッグやスイーツなども味わえる。☎0460-82-1141 ⏰9～17時（16時30分LO）

パブロ・ピカソの作品を展示する「ピカソ館」。建物の前に立つのはフェルナン・レジェの『歩く花』

作品鑑賞に疲れたら 足湯でリフレッシュ

The Hakone Open-Air Museum Caféの隣には、無料で利用できる足湯があります。源泉かけ流しの天然温泉で、緑の中の作品群を鑑賞しながら、散策に疲れた足を癒やしてはいかがでしょうか。

バルザック

オーギュスト・ロダン
深夜にガウンを着て想を練るバルザックの内面の苦悩を表現している

ふたつに分けられた横たわる像

ヘンリー・ムーア
野外展示を好んだムーアの代表作。人間の基本姿勢の中でも自由がきき、安定性があるのが横たわるポーズ

体験型アート

子どもが作品の中に入って楽しめる体験アートも多数揃う。遊びながら色の美しさや造形美を感じることができる。

『ネットの森』は木造ドームの中にカラフルな手編みのネットがつながったハンモックがある。その中で跳んだりはねたりしながらアート体験ができる。小学生以下が対象

The Hakone Open-Air Museum Café
『歩く花』
『バルザック』
ピカソ館
温泉足湯
ポケっと
『宇宙的色彩空間』
『人とペガサス』
『幸せをよぶシンフォニー彫刻』
『嘆きの天使』
『ネットの森』
緑陰広場
円形広場
『ふたつに分けられた横たわる像』
アートホール
屋外展示場
本館ギャラリー
ショッピングモール
出口
入口
彫刻の森駅へ
噴水
『ミス・ブラック・パワー』

ミス・ブラック・パワー

ニキ・ド・サン・ファール
高さ5mの巨大な女性像シリーズ〈ナナ〉の作品のひとつ。カラフルなドレスで堂々と立つ姿が印象的な作品

「ポケっと。」は、起伏に富んだ芝生広場に、カラフルなソファを設置した展示兼休憩スペース。松原成夫の『宇宙的色彩空間』(写真)など、一緒に記念撮影ができる彫刻作品もある

ミュージアムグッズも見逃せない!

「ショッピングモール」には、ユニークなオリジナルのミュージアムグッズやデザイングッズなどが揃う。
🕘9〜17時

オリジナル付箋 各352円
彫刻『歩く花』と、美術館の自然を描いた「風景」の2種類がある

オリジナルてぬぐいステンドグラス 1540円
『幸せをよぶシンフォニー彫刻』のステンドグラス柄

ひびのこづえオリジナルマグカップ 各1320円
コスチュームデザイナー、ひびのこづえデザインのマグカップ

榮太樓ポップアップボックスキャンディー 各540円
「榮太樓總本舗」とのコラボ。4種の飴入り

 コレクションを展示する「本館ギャラリー」や、企画展を開催する「アートホール」も見ごたえ満点です。

日本初のフランス式整型庭園で 四季折々の花を愛でましょう

桜の開花に始まり、ツツジが見頃となる春から夏のアジサイの季節、秋の紅葉時期は園内が華やかに彩られます。さまざまな体験もおすすめです。

見学時間 1時間

噴水池を中心に左右対称に造園された庭園には花のみどころがいっぱい

5月中旬に咲き誇る15品種、約1000株のツツジは圧巻

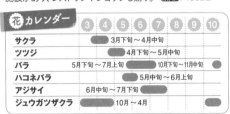

はこねごうらこうえん
箱根強羅公園

彩り豊かな花々を鑑賞

大正3年（1914）に開園した日本初のフランス式整型庭園。約2万6500㎡の敷地には、南国の植物が生い茂る熱帯植物館や約200種類のバラが咲くローズガーデンがある。6月上旬には「アジサイ展」を開催。また、明治〜昭和を代表する茶人により継承された茶室や体験工房などさまざまな施設があり、レストランやショップも揃う。

☎0460-82-2825
🏠箱根町強羅1300
¥550円 🕘9〜17時（最終入園16時30分）
休無休（メンテナンス休園あり）🚃公園下駅から徒歩1分 🅿43台
MAP P136B2

花 カレンダー	③	④	⑤	⑥	⑦	⑧	⑨	⑩
サクラ	3月下旬〜4月中旬							
ツツジ		4月下旬〜5月中旬						
バラ	5月下旬〜7月上旬					10月下旬〜11月中旬		
ハコネバラ		5月中旬〜6月上旬						
アジサイ		6月中旬〜7月下旬						
ジュウガツザクラ	10月〜4月							

❶「かながわの花の名所100選」に認定されたシャクナゲ ❷約200品種、1000株のバラが植えられたローズガーデン ❸「アジサイ展」が開催される ❹10〜4月に年2回開花するジュウガツザクラ

登山電車型の
かわいいケーキで
のんびりもいいね

大正8年(1919)創業の「島写真館」内の「スタジオカフェ・シマ」。昔の写真が飾られた店内で、トコトコ登山電車のケーキとコーヒーのセット1100円を。
☎0460-82-2749 ⏰10〜18時 休木曜(臨時休あり) MAP P136B2

体験したい

はこねくらふとはうす
箱根クラフトハウス

旅の思い出に、友人や家族ともの作り体験にチャレンジしては？　園内にある工房で、人気の吹きガラス体験やとんぼ玉体験をはじめ、陶芸、ポタリーペインティングなど全部で8つの本格的な体験を楽しめる。オリジナルの作品は、世界に1つだけのおみやげだ。

☎0460-82-9210 ¥吹きガラス体験3800円〜(所要約15分)、陶芸体験3600円〜(所要約40〜60分)、とんぼ玉体験2500円〜(所要体験約1時間15分)など。※別途入園料が必要 ⏰9〜17時(体験により異なる) 休不定休

①溶けたガラスを吹いてグラスを作ろう ②スタッフの指導で電動ろくろにも挑戦

はくうんどうちゃえん
白雲洞茶苑

明治・大正・昭和を代表する茶人に継承されてきた、4棟の茶室群。点茶体験もできるので、見学の後に和の心を感じてみよう。

¥点茶700円(抹茶、和菓子付き) ⏰10〜12時、13〜16時 休無休(メンテナンス休あり)

①利休以来の茶人と称される鈍翁(どんのう)・益田孝による白雲洞は、田舎屋の席として貴重 ②作法は難しくないので気軽に体験できる

POTERIE(クラフトハウス別棟ポタリエ)

好みの素焼きの生地を選んだら、約70種類の専用絵具を使い、スポンジ・筆などを使って自由にペインティング！手形も押せるので、子どもの記念品にも最適。

¥2900円〜(所要約1時間)

▶工房もおしゃれで、インスタ映え間違いなし

こまものや はこね
こまもの屋 箱根

手作りの器をはじめ、地元で活躍する作家作品や、オリジナル雑貨など、ここでしか手に入らないものが並ぶ。

DATA ☞箱根クラフトハウス本館2階

箱ね箱 各620円
箱根の観光名所が描かれた箱と、お茶やお菓子などを自由に組み合わせることができる

ひと休みspot

かふぇ ぴっく
Cafe Pic

噴水池横にある。ランチやお茶に最適で、オリジナルジンジャーエールも人気。

⏰10〜17時(16時15分LO) ※変動あり

強羅園カレー 1100円
大きめ野菜が入ってボリューミーな一皿

和牛ローストビーフサンド 1980円
国産和牛ローストビーフとレタスをサンド

いっしきどうさろう
一色堂茶廊

自然有機卵など、良質な食材を使ったさまざまなサンドイッチメニューが味わえる。

⏰10〜17時 ※変動あり

 箱根強羅公園では年間を通してさまざまなイベントを開催しています。とくに初夏のアジサイ展は人気。

絶景の大パノラマを見てみたい！
箱根ロープウェイで空中散歩

箱根の山や谷を越えて進むロープウェイは見晴らし抜群。
360度見渡せるゴンドラからの景色を満喫しましょう。

シャッター📷 ポイント

晴れた日には富士山がくっきりと浮かび上がる

シャッター📷 ポイント

眼下に芦ノ湖が見渡せる絶景スポット

所要時間 15分

うば・こ 姥子駅

とうげんだい 桃源台駅

姥子・湖尻自然探勝路

芦ノ湖

はこねろーぷうぇい
箱根ロープウェイ

名所を結ぶ空の旅を楽しもう

早雲山駅から、芦ノ湖畔の桃源台駅までをつなぐ、全長約4kmのロープウェイ。富士山や芦ノ湖、大涌谷の迫力ある景観を眺められる。空気が澄んでいる日は、大涌谷から東京スカイツリーが見られることも。

☎0465-32-2205（平日：箱根登山鉄道 索道部）、☎0460-84-8439（土・日曜、祝日：桃源台駅）⊕箱根町元箱根164（桃源台駅）🕘9時～16時15分（季節により変動あり）⊗荒天時 🅿早雲山駅：110台、大涌谷駅：112台（1日530円）、姥子駅：90台、桃源台駅：有料40台（1日1000円）・有料200台（1日700円）[MAP]P140B1

	運賃表				
往復		桃源台	950円	1250円	1550円
	1700円	姥子	950円	1250円	片道
	2250円	1700円	大涌谷	950円	
	2800円	2250円	1700円	早雲山	

とうげんだいえき
桃源台駅

標高 741m

ロープウェイの芦ノ湖側の起点。箱根登山バスや箱根海賊船（☞P78）に乗り継ぐターミナル駅として賑わう。芦ノ湖を望むレストランや、売店も併設する。

バスや箱根海賊船の発着駅としても賑わう

うばこえき
姥子駅

標高 878m

桃源台駅と大涌谷駅の中間地点で、周辺には姥子温泉やハイキングコースがある。無料駐車場があるので、この駅を起点にするのもよい。

駅前に展示されている初代と2代目のゴンドラ

風速30mまでOKの安全設計！
箱根ロープウェイ
2本のロープの間隔をゴンドラ幅より広く取ったフニテル方式を採用することで、以前より風による運休が格段に減り、ますます便利になりました。

大文字焼で有名な明星ヶ岳を望める

シャッターポイント📷

いたるところで温泉が湧き出している

シャッターポイント📷

富士山

所要時間 15分

おおわくだに
大涌谷駅
のりかえ

所要時間 15分

そううんざん
早雲山駅

大涌谷・姥子自然探勝路
※2022年11月現在、通行止中。

おおわくだにえき
大涌谷駅 標高1044m

最も標高の高い位置にあり、湯気が立ち上る大涌谷や富士山の絶景が楽しめる。大涌谷 駅食堂の「特製」大涌谷カレー1200円は本格派。

途中下車して大涌谷（☞P58）を観光していこう

温泉玉子を崩して混ぜればマイルドな味わいに

そううんざんえき
早雲山駅 標高757m

箱根登山ケーブルカーとの乗換駅。駅前の展望テラスからは、箱根連山や強羅の街並み、天気がよければ相模湾が望める。

箱根登山ケーブルカーへの乗換駅でもある

くーもはこね
cu-mo箱根で
一休み

早雲山駅2階の人気スポット。標高約757mの展望テラスには強羅温泉から引く足湯を備える。カフェ、ショップも併設。
¥入館・足湯無料 🕐休箱根ナビのHP参照

人気ドリンク・ニューベル750円

足湯から大文字を望む

大自然のパワーを感じて
煙が噴き出す大涌谷を歩きましょう

荒々しい山肌から火山ガスや湯気が立ち上る大涌谷。
温泉の源である火山パワーを体感できるスポットです。

黒たまごのオ
ブジェは記念
撮影スポット

もくもく

約80カ所から火山ガスが噴出する噴煙地

大涌谷ってこんなところ

箱根連山の最高峰である標高1438m
の神山の水蒸気爆発によって誕生。現
在も活発な火山活動が続き、岩肌から
硫黄臭漂う火山ガスが噴き出している。
その迫力ある光景は、箱根観光のハイラ
イトのひとつ。天気のよい日は箱根連山
や富士山も眺められるので、大地の息
吹を間近で感じながら散策しよう。

☎0460-84-5201（大涌谷インフォメーショ
ンセンター 9～16時）住箱根町仙石原1251
¥見学自由 ◎9～17時 休無休 交大涌谷駅
から徒歩すぐ P146台（有料）MAP P140B1

☀ Check Point ☀

❶ 誕生までの歴史

約5000年前
火山活動や小規模な噴火を繰り
返し、箱根連山が生まれた。

約3000年前
神山で大きな水蒸気爆発が起こ
り、山の斜面が崩壊。

約2900年前～現在
爆発跡から火山ガスが噴出し続
け、現在の大涌谷になった。

❷ 名前の歴史

昔は「大地獄」とよばれていたが、
明治天皇が訪れる際に、地獄では
おそれ多いということで「大涌谷」
に改められた。

荒涼とした
風景が広
がる大涌谷

※2022年11月現在、大涌谷園地付近（噴煙地）には噴火警戒レベル「1」が発表され、ハイキングコースは立ち入りが規制されています。
箱根町観光協会のHPなどで最新の情報を必ずご確認のうえ、お出かけください。

長寿や子育てにご利益があるという

大涌谷散策コース

① 延命地蔵尊
えんめいじぞうそん

噴煙地へ向かう手前にある地蔵尊。この地に住む人々の救済を願って、1100年以上前に弘法大師によって建立されたと伝わる。¥参拝自由

---

② 大涌谷自然研究路
おおわくだにしぜんけんきゅうろ

「大涌谷引率入場オンライン予約」からの事前予約制で、大涌谷噴気地帯を散策できる。1周約700m、所要約40分間。
☎0460-84-5201（大涌谷インフォメーションセンター 9～16時）¥安全対策の協力金500円 ⏰10時～、11時30分～、13時～、14時30分～（定員各回30名）休無休 ※気象条件、火山の状態により中止の場合あり MAP P140B1
URL https://www.hakone.or.jp/od-booking/

硫化水素を含んだ真っ白な煙が立ち上る

③ 極楽茶屋
ごくらくぢゃや

大涌谷ならではの黒たまご連想させる黒グルメや、激辛メニューなどが揃う。売店も併設している。
☎0460-84-7015 ⏰食事処は9時30分～15時30分、売店は9時～16時50分（季節により変動あり）休無休 MAP P140B1

真っ黒な皮の中にアツアツもんじゃが入った黒もんじゃまん1個250円

竹炭を練り込んだ黒い麺と激辛スープの赤池地獄の黒ラーメン1100円

---

④ 箱根ジオミュージアム
はこねじおみゅーじあむ

さまざまな展示を通して箱根火山や自然について学べるミュージアム。
☎0460-83-8140 ¥100円（未就学児は無料）⏰9～16時 休無休（臨時休館あり）MAP P140B1

体験模型や岩石の展示で火山の恵みと脅威について紹介

⑤ 大涌谷くろたまご館
おおわくだにくろたまごかん

黒たまごにちなんだオリジナルのお菓子や雑貨、化粧品などを販売。
☎0460-84-9605 ⏰9～16時（季節により変動あり）休無休 MAP P140B1

まっくろ黒饅頭6個入り750円。中は箱根産サツマイモの餡

黒たまごを模した大涌谷黒たまごしょこら8個入り580円

外観はロープウェイの駅舎と統一感をもたせて設計

おみやげに!

普通のゆで卵より旨み成分が20%高い黒たまご5個入り500円

宮ノ下・小涌谷・強羅 ● 煙が噴き出す大涌谷を歩きましょう

ココにも行きたい

宮ノ下・小涌谷・強羅のおすすめスポット

はこねしゃしんびじゅつかん
箱根写真美術館

神秘的な富士山の姿を表現

箱根出身の写真家遠藤桂氏の私設美術館。氏のライフワークともいえる富士山の作品を年3回、入れ替えながら常設展示。2階では企画展も開催している。併設のカフェでは季節のケーキが楽しめる。**DATA** ☎0460-82-2717 🏠箱根町強羅1300-432 ¥500円 ⏰10～17時 休火曜（祝日の場合は開館、臨時休館あり、カフェは不定休）交公園下駅から徒歩5分 Pなし **MAP** P136B2

はこねびじゅつかん
箱根美術館

縄文から江戸時代の陶磁器を展示

信楽、伊万里、備前など、日本の陶磁器を中心に約100点を展示。重要文化財に指定されている埴輪『天冠をつけた男子』は古墳時代の貴重なコレクション。苔庭をはじめ、美しく整備された庭園も見事。**DATA** ☎0460-82-2623 🏠箱根町強羅1300 ¥900円 ⏰9時30分～16時30分（12～3月は～16時）休木曜（祝日の場合は開館。11月は無休）交公園上駅から徒歩1分 P100台 **MAP** P136B2

たいこういわぶろ
太閤石風呂

秀吉の小田原攻めに勝利をもたらした？

蛇骨川の川岸に残る史跡。豊臣秀吉が天正18年（1590）に北条氏の拠点・小田原攻めの際に兵士たちの傷を癒やすために掘らせたという露天風呂跡で、八千代橋のたもとの遊歩道から見学できる。近くには太閤の滝もあり、散策がてら訪れてみたい。**DATA** ☎0460-82-1311（宮ノ下観光案内所）🏠箱根町底倉 ¥休見学自由 交宮ノ下駅から徒歩15分 Pなし **MAP** P137D1

にこらい ばーぐまん はこね がーでんず
ニコライ バーグマン
箱根 ガーデンズ

強羅の自然を生かしたガーデン

フラワーアーティストのニコライ・バーグマン氏が手がける。起伏に富んだ散策路の周辺にはプランターやオブジェが点在。**DATA** ☎0460-83-9087 🏠箱根町強羅1323-119 ¥事前Web予約1500円、当日1800円 ⏰10～17時 休月曜（祝日の場合は翌日）交バス停ニコライ バーグマン 箱根 ガーデンズから徒歩すぐ P40台（1台500円）**MAP** P136A1

どうがしまけいこくゆうほどう
堂ヶ島渓谷遊歩道

森林浴を楽しみながらハイキング

宮ノ下駅近くの堂ヶ島渓谷入口からバス停木賀温泉入口まで続く早川沿いの遊歩道。夏は新緑、秋は紅葉が美しく、マイナスイオン効果も期待。渓流を眺めながら約1時間の散策コースを歩いてリフレッシュしよう。**DATA** ☎0460-82-1311（宮ノ下観光案内所）🏠箱根町宮ノ下 ¥休散策自由 交バス停木賀温泉入口から徒歩すぐ P宮ノ下駐車場46台 **MAP** P137F1

りばーさいどきっちんあんどばー
リバーサイドキッチン＆バー

ホテルのオールデイダイニング

足柄牛や小田原直送のシーフードを薪火で焼き上げたグリル料理を提供。茶炭をシュー生地に合わせたINDIGOチョコールシュー400円～（サ料別）は数量限定。**DATA** ☎0460-83-8310（ホテルインディゴ箱根強羅）🏠箱根町木賀924-1ホテルインディゴ箱根強羅内 ⏰7～22時（土・日曜、祝日は～23時。ランチメニューは土・日曜、祝日のみ）休無休 交バス停宮城野橋から徒歩2分 P46台 **MAP** P136C1

ぼっくす ばーがー
🍴BOX BURGER

相州牛の絶品ハンバーガーを

アメリカンスタイルのハンバーガーレストラン。名物は、かながわブランド牛を使ったパティがジューシーな 相州牛BOX BURGER2090円（単品）。手作りのシェイク748円など、ほとんどのメニューがテイクアウト可能。**DATA** ☎0460-83-8528 🏠箱根町宮城野637-1 ⏰11～15時LO、17～19時LO 休不定休 交バス停明神平から徒歩1分 P11台 **MAP** P136B1

こーひー きゃんぷ
🍴COFFEE CAMP

ゲストハウスが運営する駅チカカフェ

元農協の建物をリノベーションしたおしゃれな空間で、モーニングやランチ、カフェタイムを楽しめる。自家製ローストビーフプレート1518円は、ご飯、サラダ、副菜付きでボリューム満点。エスプレッソ440円～などドリンクメニューも豊富。**DATA** ☎0460-83-8644 🏠箱根町強羅1320-261 ⏰8時～16時30分（16時LO）休火曜 交強羅駅から徒歩2分 Pなし **MAP** P136B1

やまじ
🍴山路

トロトロ卵と地鶏の絶品親子丼

親子2代で切り盛りするそば店。おすすめは、先代から受け継がれた秘伝の「かえし」を使った地鶏の親子丼1500円。徳島産の阿波尾鶏を使用しているため、ほどよい歯ごたえと甘みが味わえる。箱根山麓豚を使ったカツ丼1500円も人気。**DATA** ☎0460-82-2616 🏠箱根町強羅1300-562 ⏰11～15時、18～20時 休水曜 交公園下駅から徒歩2分 Pなし **MAP** P136B2

箱根自然薯の森 山薬
はこねじねんじょのもり やまぐすり

ヘルシーな自然薯料理を召し上がれ

自社農園で育てた自然薯を使った身体にやさしい料理が自慢。皮ごとすったとろろや山芋ステーキ、富士湧水豚の西京焼などが付く至高の昼ごはん3380円がおすすめ。箱根外輪山の絶景も、おいしさを引き立てる。**DATA** ☎0460-82-1066（自然薯農家レストラン 山薬 宮城野本店）**住**箱根町宮ノ下226-2 **⏰**8～16時LO（土・日曜、祝日は～17時LO）**休**無休 **交**宮ノ下駅から徒歩9分 **P**14台 **MAP**P137E1

餃子センター
ぎょうざせんたー

パリッと焼き上げた餃子が名物

皮から手作りする餃子専門店。焼き、揚げ、水餃子が揃い、餡もチーズ、エビ、納豆などさまざま。餃子にプラス440円で定食にでき、定番は焼き餃子がメインのはこね餃子定食1210円。**DATA** ☎0460-82-3457 **住**箱根町強羅1300-537 **⏰**11時30分～14時30分、17時～19時30分（水曜は11時30分～14時30分）**休**木曜 **交**彫刻の森駅から徒歩4分 **P**12台 **MAP**P136B2

コーヒーハウスあん
こーひーはうすあん

抹茶の香りが広がる和のコーヒー

オリジナルの抹茶コーヒー600円で有名な喫茶店。注文après、店主がフレンチローストの豆を挽き、一杯ずつ丁寧にドリップしている。クリーミーな泡にトッピングした金箔もポイント。自家製チーズケーキ400円と一緒に味わおう。**DATA** ☎0460-82-2760 **住**箱根町宮ノ下401 **⏰**9～18時 **休**木曜（祝日の場合は翌日）**交**宮ノ下駅から徒歩2分 **P**なし **MAP**P137F1

強羅 花詩
ごうら はなことば

老舗和菓子店が手がける和カフェ

大正10年（1921）の創業以来、手作りにこだわる和菓子店のカフェ。月替わりの季節の上菓子は抹茶付きで850円。箱根の季節を表現した繊細な和菓子が光る。菓子やお茶には、身体がキレイになるといわれる箱根の名水「嬰寿の命水」を使用。**DATA** ☎0460-82-9011 **住**箱根町強羅1300 **⏰**10～17時（季節により変動あり）**休**水曜 **交**強羅駅から徒歩1分 **P**2台 **MAP**P136B2

箱根の森のパンケーキ
はこねのもりのぱんけーき

ふわっと口どけのいいパンケーキ

湘南小麦にマスカルポーネチーズを混ぜてふんわり焼き上げるパンケーキ1080円～を味わえる。一番人気は、栗とアメリカンチェリーのモンブランパンケーキ1580円。黒毛和牛の欧風カレー1650円などのランチメニューも充実している。**DATA** ☎050-5447-0893 **住**箱根町強羅1300-407 **⏰**10～17時（16時LO）**休**木曜 **交**強羅駅から徒歩2分 **P**3台 **MAP**P136B2

豊島豆腐店
とよしまとうふてん

3代目主人が毎朝仕込む手作り豆腐

北海道産の大豆と箱根の名水で作る豆腐が評判。なかでも、できたての豆腐をお玉ですくって器に盛った汲み豆腐250円（持ち帰り用370円）は、大豆の風味とコクのある甘みが口の中に広がり、まるでデザートのよう。ごま豆腐270円（持ち帰り用400円）も登場。**DATA** ☎0460-82-2545 **住**箱根町宮ノ下340-2 **⏰**8時30分～15時 **休**不定休 **交**宮ノ下駅から徒歩8分 **P**なし **MAP**P137E1

やまや
やまや

江戸時代後期創業の骨董屋

原木の色合いが美しい寄木細工を手頃な価格で販売する。大正～明治時代に作られた貴重なものや、25万円のタンスなど、高価な寄木細工が時代を物語る。かわいらしい富士山形のぐい呑み4500円をはじめ、おみやげにぴったりの商品も取り扱う。**DATA** ☎0460-82-3238 **住**箱根町宮ノ下187 **⏰**9時～17時30分 **休**無休 **交**宮ノ下駅から徒歩6分 **P**1台 **MAP**P137E1

箱根銀豆腐
はこねぎんどうふ

箱根の名旅館御用達の豆腐店

強羅に店を構えて100年以上の老舗。名物は、足を運んだ人だけが食べられる、しゃくり豆腐220円。できたての温かい豆腐は口当たりがなめらかで、芳醇な大豆の風味を堪能できる。午前中に売り切れてしまうことも多いので早めに訪れよう。**DATA** ☎0460-82-2652 **住**箱根町強羅1300-261 **⏰**7～16時（売り切れ次第閉店）**休**木曜 **交**強羅駅から徒歩2分 **P**なし **MAP**P136C2

銀かつ工房
ぎんかつこうぼう

ヘルシーなかつサンドをテイクアウト

箱根屈指の名店、田むら銀かつ亭（→P96）の姉妹店。もち豚のロースを米油100%で揚げた銀かつサンド756円は、食べごたえ満点だ。箱根銀豆腐の豆乳をソフトクリームに使った豆乳パフェ518円などのスイーツも揃う。喫茶スペースがあり、イートインも可能。**DATA** ☎0460-83-3501 **住**箱根町強羅1300-694 **⏰**10～16時 **休**水曜 **交**強羅駅から徒歩3分 **P**3台 **MAP**P136C2

「箱根美術館」の茶室「真和亭」では、苔庭を眺めながら抹茶（和菓子付き）が720円で楽しめます。

これしよう！
ミュージアム内の
カフェも要チェック

ミュージアム併設のカフェ
でオリジナルスイーツを食
べよう。(☞P64〜)

これしよう！
世界の名品にうっとり

世界的に有名な芸術家の
作品が揃うので、アート
鑑賞で感性を磨こう。(☞
P64〜)

これしよう！
自然に囲まれた
美術館を巡ろう

箱根ガラスの森美術館(☞
P68)など、自然豊かな美
術館が。(☞P64〜)

豊かな自然と調和するアートスポット

仙石原

せんごくはら

アート作品を
みやげに

仙石原は
ココにあります！

仙石原

桃源台 大涌谷 強羅 宮ノ下 箱根湯本 塔ノ沢
湖尻 小涌谷 畑宿
芦ノ湖 箱根町

こんなところ

金太郎が生まれ育ったと伝わる金時山の麓
に広がる仙石原高原。台ケ岳の裾野に群生
する、ススキ草原や箱根湿生花園など、自
然を満喫できるエリア。また、箱根随一の
アートスポットでもあり、周囲の山々と高
原が織りなす風景のなかに、箱根ならでは
の個性的なミュージアムが点在する。

ａｃｃｅｓｓ

〈バスで〉
●箱根湯本駅から
箱根登山バスで25分、バス
停仙石案内所前下車

〈車で〉
●御殿場ICから
国道138号・県道75号で約
11km

問合せ
☎0460-84-8301
箱根仙石原観光協会
MAP P132A1

～仙石原　はやわかりMAP～

御殿場ICへ
金時登山口
諏訪神社
長安寺

0　N　200m

仙石
仙石原関所跡

箱根裏街道の仙石原関所跡
現在の国道138号は裏街道とよばれ、関所が設置されていた。

松月堂菓子舖
（☞P75）　**4**

仙石案内所前

仙石原局

5 相原精肉店
（☞P105）

仙石原小

仙石原小学校前

仙石原永井医院
・仙石窯

仙石原

箱根ラリック美術館

仙石文化センター前

3 箱根ラリック美術館
（☞P64）

大原

月の花 梟

箱根武士の里美術館

小田急箱根ハイランドホテル

138

品の木・箱根ハイランドホテル

湿生花園前

仙石原温泉

川向

月桂寺箱根別院

俵石・箱根ガラスの森前

宮ノ下へ

箱根湿生花園
（☞P74）　**1**　**2** かま家
（☞P75）

箱根ガラスの森美術館
（☞P68）　**6**

仙石原高原の湿原植物群落
年間を通して低温多湿なため、湿原植物の群落が見られる。

仙石原温泉で汗を流そう
江戸中期に発祥した仙石原温泉。日帰り入浴施設もある。

仙郷楼前

733

観光のヒント
バスを使ってミュージアム巡り
1日に数軒のミュージアムを訪れるなら、観光施設めぐりバスを利用するのも手。箱根フリーパスで乗車できる。

仙石原湿原植物群落

湖尻へ

仙石原

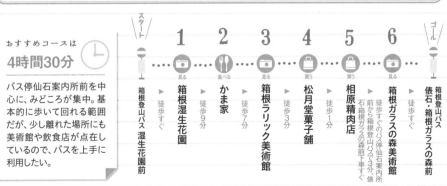

おすすめコースは
4時間30分

バス停仙石案内所前を中心に、みどころが集中。基本的に歩いて回れる範囲だが、少し離れた場所にも美術館や飲食店が点在しているので、バスを上手に利用したい。

スタート

1 見る　**2** 食べる　**3** 見る　**4** 買う　**5** 買う　**6** 見る

ゴール

箱根登山バス 湿生花園前
▶ 徒歩すぐ ▶ 箱根湿生花園
▶ 徒歩9分 ▶ かま家
▶ 徒歩7分 ▶ 箱根ラリック美術館
▶ 徒歩3分 ▶ 松月堂菓子舖
▶ 徒歩1分 ▶ 相原精肉店
▶ 徒歩すぐのバス停仙石案内所前から箱根登山バス3分、俵石・箱根ガラスの森前下車すぐ ▶ 箱根ガラスの森美術館
▶ 徒歩すぐ ▶ 箱根登山バス 俵石・箱根ガラスの森前

美しい宝飾品にうっとり、ガラスの芸術ラリック・アート

植物や昆虫をモチーフにしたジュエリーやガラス作品に注目。
鑑賞後はレストランやサロンカーで優雅なひとときを。

ここに注目！
1928年作の装飾パネル『彫像と葡萄』。男女の像と葡萄が浮き彫りにされ、豊かな実りを象徴する

2001年まで現役で走行していたオリエント急行のサロンカー。1929年当時の車内の様子がうかがえる。

はこねらりっくびじゅつかん

見学時間 1時間

箱根ラリック美術館

ラリックの生涯にわたる作品に出合える

フランスの装飾美術工芸家、ルネ・ラリック（☞P72）の作品を約1500点所蔵しており、常時約230点を展示。自然をモチーフにしたジュエリーや香水瓶など、繊細で大胆な作品に思わずうっとり。ラリックが装飾を手がけた邸宅の一室も再現。

パリと南仏を結ぶ路線から始まった豪華特急列車

☎0460-84-2255 🏠箱根町仙石原186-1 ¥1500円 🕐9〜16時（入館は〜15時30分）休第3木曜（8月は無休）交バス停仙石案内所前から徒歩2分 🅿80台 MAP P138C2

おりえんと えくすぷれす（おりえんときゅうこう）

Orient Express（オリエント急行）

サロンカーでティータイム！

ラリック作品の150枚以上のガラスパネルが張り巡らされた豪華な車内で、ティータイムが楽しめる。ここでしか味わえない特別な時間を（要予約）。

予約時間：11〜15時最終 ※変更の場合あり
所要時間：40分　定員：各回20名（予約受付は当日現地のみ。電話予約は不可）
料金：2200円（ティーセット付き）

実際に使用されていた豪華列車のクラシカルな車内でゆったりティータイム

睡蓮の池を眺められるサロン

19世紀後半に活躍したフランスの女優、サラ・ベルナールは、ラリックに数々の宝飾品の制作を依頼しました。美術館の1階には彼女に捧げる一室があり、四季折々の花が美しい睡蓮の池を眺められます。

館内のラリック・アート

ブローチ
シルフィード

1897-1899年頃

ラリックの代表作。透明感が美しい羽根の部分には七宝の技法が用いられ、ダイヤモンドがアクセントになっている。

花器
つむじ風

1926年

風がテーマのアール・デコ時代の作品。厚手のガラスに渦巻きの装飾が施され、黒のエナメル彩が渦巻きモチーフを引き立てている。

ガラス工芸家への出発点となった香水瓶が並ぶ館内

ベッドサイドランプ
日本の林檎の木

1920年

アーチ状のパネルはラリック独特のデザインで、日本の刀の鍔（つば）を思わせる。実際はリンゴではなくボケの花だといわれている。

香水瓶
シダ

1912年

中央に描かれた女性のモデルは、1909年に亡くなった最愛の妻アリスといわれる。鮮やかなグリーンで彼女の瞳の色を表現している。

大きな窓から庭園を望む

ここでひと休み

はこね えもあ・てらす
箱根 エモア・テラス
優雅にランチタイムを

2023年3月にグランドオープンした、パリを思わせるレストラン。窓の外一面はグリーンの芝生が広がり、明るく開放的な空間だ。おしゃれなカジュアルフレンチとセミビュッフェ、自家製パン、手作りスイーツを味わおう。

🕘9〜17時(16時30分LO) 休無休

サロン・ド・サラ
美術館
蝶の森
ミュージアムゲート
ミュージアムショップ
箱根 エモア・テラス
Orient Express（オリエンド急行）入口
第一駐車場

📖 箱根ラリック美術館の庭園やレストラン、ミュージアムショップ（☞P70）は入場無料で利用できます。

光と緑あふれるポーラ美術館で
心ゆさぶられるひとときを

富士箱根伊豆国立公園の雄大な森に溶け込むように立つ美術館。
豊かな自然環境と調和した開放的な空間でアートを堪能できます。

ぽーらびじゅつかん
ポーラ美術館

見学時間 1時間 30分

印象派から現代アートまで多彩

印象派を中心とした西洋絵画から日本画、東洋陶磁、化粧道具、現代アートまで、約1万点の幅広いコレクションが特徴。国内有数のモネ、ピカソ・コレクションのほか、岸田劉生や黒田清輝など日本の洋画家の作品も豊富に揃う。「箱根の自然と美術の共生」をコンセプトに、自然光を最大限に生かした建物にも注目。

☎0460-84-2111 箱根町仙石原小塚山1285
¥1800円 🕘9～17時 休無休（展示替えによる臨時休館あり）🚌バス停ポーラ美術館から徒歩すぐ
Ｐ163台（1日500円）MAP P139E4

5つの展示室を使った大型企画展と常設展を開催している

Photo：© Ken KATO

睡蓮の池	抽象絵画(649-2)	ベランダにて
クロード・モネ	ゲルハルト・リヒター	ベルト・モリゾ

1899年 ジヴェルニーに立つモネの邸宅の庭で、日本風の太鼓橋が架けられた睡蓮の池を描いた作品。

1987年 ドイツの現代作家の作品。絵の具を塗り重ねた2m四方のカンヴァスをスキージ（へら）の跡がダイナミックに横切る。

1884年 セーヌ河沿いのブージヴァルにて制作。陽光あふれる邸宅のサンルームで一人娘ジュリー・マネが机に向かう。

©Gerhard Richter 2022 (13092022)

クロワッサンと
カフェ・オ・レのセット
1000円

パリの朝食をイメージ。発酵バターの味わいと焼きたての食感を楽しめる（10～12時、数量限定）

ガラス越しに小塚山の景色を堪能

かふぇ ちゅーん
カフェ チューン

ここでひと休み

森の中にいるかのようなくつろげるカフェ

目の前に広がる森の景色は、まるで絵画作品のよう。四季折々の自然の表情とともに、ドリンクやスイーツを味わえる。軽食も提供。

🕘10時～16時30分LO 休無休

森の中の遊歩道でアート鑑賞

敷地内には、ブナやヒメシャラに囲まれた全長約1kmの「森の遊歩道」があります。ロニ・ホーン《鳥葬（箱根）》をはじめとした彫刻作品を鑑賞しながら散策を楽しみましょう。所要約40分。
© Roni Horn　Photo: Satoshi Nagano

景観を考慮し、建物の高さは8m以内に設計されている

ケリス・ウィン・エヴァンスによるネオン作品が印象的なロビー空間
Photo: © Ken KATO

レースの帽子の少女

ピエール・オーギュスト・ルノワール

1891年　仕立屋の父、お針子の母をもつルノワールは女性を描くときに、ファッションの表現にも関心を払った。

パリの夕暮れの光を再現した環境で作品を展示

Photo：© Ken KATO

見逃せないとっておきの名画たち

『髪かざり』
　　ピエール・オーギュスト・ルノワール

『アザミの花』フィンセント・ファン・ゴッホ

『海辺の母子像』パブロ・ピカソ

『姉妹』レオナール・フジタ（藤田嗣治）

『リュート』アンリ・マティス

館内マップ

2F　テラス　レストラン・アレイ
1F　車椅子用出入口
カフェ チューン（B1F）　B1展示室　エントランス
B1　1Fアトリウム ギャラリー
B2　B1F ミュージアムショップ
B2 展示室

風景とアートが融合した
きらめくガラスの世界に感動

大涌谷を望む庭園に広がる日本初のヴェネチアン・グラス専門美術館。
ヨーロッパの貴族を魅了した名品の数々を鑑賞しましょう。

ここに注目!
約16万粒のクリスタル・ガラスを使った高さ約9m、全長約10mのアーチ「光の回廊」

大涌谷を眺められる庭園には、クリスタル・ガラスのオブジェや現代ガラス作品を配している

はこねがらすのもりびじゅつかん
箱根ガラスの森美術館

**見学時間
1時間**

キラキラ輝く幻想的なガラス作品

美しい水の都を思わせる庭園に、ヴェネチアン・グラス美術館や現代ガラス美術館、ショップ、カフェ、体験工房が点在する。ヨーロッパの貴族を熱狂させた16世紀から現代のヴェネチアン・グラスまで、幅広いコレクションは必見だ。

☎0460-86-3111 **住**箱根町仙石原940-48 **¥**1800円 **時**10時〜17時30分（入館は〜17時）**休**成人の日の翌日から11日間 **交**バス停俵石・箱根ガラスの森前から徒歩すぐ **P**150台（1日300円）**MAP** P139E2

庭園の池に生息するマガモたちは、美術館のアイドル的存在

四季折々の植物とガラス作品が共演

季節の花に彩られた庭園には、季節限定のガラス作品が登場。夏にはクリスタル・ガラスのアジサイ「オルテンシア」が、冬にはクリスマスツリーが見られる。

6月中旬〜7月下旬は約70種4500株のアジサイが咲く

世界でひとつの
ガラス作品を
作ってみては？

「箱根ガラスの森美術館」の体験工房
では、サンドブラスト40分1600円～
や、ガラスパーツを組み合わせたアク
セサリー作り30分2000円～を体験
できます。前日までに公式オンライン
チケット販売ページで予約を。

▲ヴェネチアン・グラス美術館内には約100点を展示

館内のヴェネチアン・グラス

❶花装飾脚オパールセント・グラス・ゴブレット ～○1880年頃
半透明乳白色ガラスを使った華やかな脚部の装飾が目を引く。伝統を
踏襲しつつ、新しい時代の感性を取り入れた作品。

❷点彩花文蓋付ゴブレット ～○1500年頃
ヴェネチアン・グラス黄金時代の名品。イスラム様式の点彩文様とビザ
ンチン様式の器形の融合が貿易国として栄えたヴェネチアを象徴。

❸龍装飾水差 ～○19世紀
レース・グラスの技法で作られた水差に、龍の装飾が付いた逸品。無色
透明ガラスに金箔を取り入れた龍からは躍動感が伝わってくる。

❹レース・グラス蓋付ゴブレット ～○16世紀末～17世紀初頭
ヴェネチア特産のレース文様をガラスで表現した作品。ムラーノ島のガ
ラス職人たちが完成させたレース・グラス技法は門外不出とされた。

① ② ③ ④

― ここでひと休み ―
カフェ テラッツァ うかい
かふぇ てらっつぁ うかい

生演奏を聴きながらひと息

大涌谷を一望するカフェレストラ
ンで、旬の素材を使ったパスタ
1980円～や、しぼりたてモンブ
ラン1480円などのデザートを
味わえる。ミュージシャンによる
楽器の生演奏（1日6回公演、各
15分。詳細は要問合せ）も魅力。
🕐10時～16時30分LO

▲店内から庭園を望む。
開放的なテラス席も用意

▲和栗の香りが広がり、口
どけやわらかなモンブラン。
コーヒー付きは1780円

\ 現代ガラス美術館も必見 /

現代作家たちのガラス・アートは、
斬新なデザインが印象的。デイル・
チフーリ、リヴィオ・セグーゾらの作
品を展示。

▲デイル・チフーリ（☞P72）の『ペルシャン』

📖 仮面やマントを身に着けて記念撮影などを楽しむ「ヴェネチア仮面祭」は、箱根ガラスの森美術館の冬～春の人気イベントです。

仙石原

自分へのご褒美にしたくなる、
センスあるグッズを集めてみました

個性派ミュージアムならではの洗練されたグッズが目白押し。
スイーツ、グッズ、ステーショナリー etc.……どれも欲しくなっちゃう。

インテリアにもおすすめ

ミルフィオリ・グラスのお皿
3080円〜
ヴェネチアン・グラスの代表的な技法で制作。1点ずつ模様が異なる Ⓓ

ペンダントヘッド
1個2420円〜
サイズもデザインも豊富。きっとお気に入りが見つかるはず Ⓓ

色とりどりでキュート

雨の日でも外出が楽しくなる

『睡蓮』の傘
5100円
雨の日を彩ってくれるデザインと細めで軽やかな使用感で人気 Ⓑ

ちょっとしたおでかけに

ロゴサコッシュ
各2500円
身軽に美術鑑賞するのにぴったり。お散歩やアウトドアなどマルチに活躍 Ⓑ

果実たっぷりでやさしい甘さ

フルーツ・スプレッド
100g1個972円〜
果実そのものの味を生かし、メープルシロップとアップルジュースを加えて作る Ⓒ

使うほどいい風合いに

かまわぬ製手ぬぐい
各950円
伝統的な技法で1枚ずつ染色。ラリックのツバメ柄が描かれている。4色あり Ⓐ

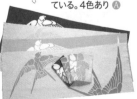

世界からの生活雑貨が揃う
はこねらりっくびじゅつかん みゅーじあむしょっぷ
Ⓐ 箱根ラリック美術館
ミュージアムショップ

パリのアーケード街の賑わいをイメージ。ミュージアムのオリジナルグッズやラリック社の香水、ジュエリーとおしゃれな雑貨を集めたセレクトエリアが並ぶ。
DATA ☞P64

国内最大級の名画グッズ
ぽーらびじゅつかん みゅーじあむしょっぷ
Ⓑ ポーラ美術館
ミュージアムショップ

絵画をモチーフとしたオリジナル雑貨やお菓子など、プレゼントにも最適なグッズが多数揃う。美術館ロゴグッズや輸入雑貨、作家物などスタッフ厳選のセレクト商品も取り扱う。
DATA ☞P66

柄違いで
揃えたい

ミュージアムショップの紅茶はおしゃれでおみやげにぴったり

「箱根ラリック美術館　ミュージアムショップ」の「NINA'S PARIS」ダージリン1836円ほか（写真右）。ベルサイユ宮殿に隣接する王立農園で栽培されたリンゴとバラで香り付けした「マリー・アントワネットスペシャル」2592円は、女性に人気の紅茶です。

東京鳩居堂 一筆箋
各550円
HITOKOTO箋
各660円
お香や和紙製品の老舗「東京鳩居堂」とのコラボ。和風モダンなデザイン Ⓐ

オリジナルA6クリアファイル
各330円
レシートなど細かいものの整理に便利。リーズナブルなのでまとめ買いしたい Ⓐ

大切な人に季節の便りを

和たおる
各550円
日本製で使いやすいハンカチサイズのタオル。肌にやさしく使い心地も抜群 Ⓐ

続々登場！
かわいい絵柄が

仙石原 ● センスあるグッズを集めてみました

とっておきの写真を飾ろう

ガラスのフォトフレーム
6380円〜
イタリア語で「千の花」を意味するミルフィオリ（モザイクガラス）がポイント Ⓓ

ガラスの箸置き
2個セット3300円
ガラスの中にたくさんの花をギュッと閉じ込めたようなデザインが特徴的 Ⓓ

テーブルを華やかに

缶はいろんな用途に使えそう

アーモンドドラジェ
1200円
アーモンドをチョコレートと砂糖でコーティングしたフランスの伝統菓子 Ⓑ

素材を生かした食品が揃う

はこねがらすのもりびじゅつかん あちぇろ
Ⓒ 箱根ガラスの森美術館 アチェロ

小さな水車小屋の中にある。カナダ産のオーガニックのメープルシロップやオリジナルのフルーツ・スプレッドを中心に、誰かにおすそわけしたくなる食品がいっぱい。
DATA ☞P68

アート感覚の小物を探そう

はこねがらすのもりびじゅつかん みゅーじあむしょっぷかん
Ⓓ 箱根ガラスの森美術館 ミュージアム・ショップ館

4フロアもあるショップでは、ヴェネチアン・グラスをはじめ、クリスタル・ガラスやワイングラス、アクセサリーなどアート作品から実用品まで、世界各国のガラス製品を扱う。
DATA ☞P68

季節限定のフレーバーも

森のピーナ
各540円〜
レモン、アラビアータなど、おつまみにもぴったりのオリジナル豆菓子 Ⓒ

美術館内にあるショップはセレクトショップが多く、有名店と美術館とのコラボ商品などもあります。

箱根を彩る芸術家たちの人物像に迫ってみましょう

世界中の有名な芸術家の作品が集まる箱根のミュージアム。
芸術家の背景を知ればミュージアム巡りがもっと楽しくなる！

ルネ・ラリック
René Lalique
箱根ラリック美術館（☞P64）

1860年にフランス・シャンパーニュ地方で生まれ、アール・ヌーヴォーからアール・デコの両時代にわたって活躍した工芸作家として、その名を今に残す。まず宝飾作家としてスタートし、独創的なジュエリーを数多く発表した。その後1908年に、当時としては珍しい香水瓶のラベルをガラスで製作したことがきっかけで、ガラス工芸家に転身。香水瓶から始まり花器、置時計、豪華客船やレストランのインテリア、ステンドグラスなどの制作に活動の幅を広げる。豪華列車の内装として1928年に制作されたラリックのガラスパネルは、今でもオリエント急行内で輝き続けている。

箱根ラリック美術館では、日本で最も多いラリック・コレクションを鑑賞できる

クロード・モネ
Claude Monet
ポーラ美術館（☞P66）

1840年にパリで生まれる。幼い頃移り住んだル・アーヴルで、海景画家ウジェーヌ・ブーダンに出会ったことが契機となり、画家を志してパリに出る。陽光を求めて戸外に赴き身近な自然や人間の生活を、明るい色彩で筆跡を残して描く「筆触分割」とよばれる手法で制作。1874年に開いた初めてのグループ展は評価されなかったが、やがて、モネの出品作『印象、日の出』から"印象派"という呼び名が生まれた。「積みわら」や「ルーアン大聖堂」など、同じ対象を1日のさまざまな光や天候の中で描いた連作を手がけ、画家としての名声を手にする。50歳代にはジヴェルニーに日本風の橋の架かる庭園を造り、86歳で亡くなるまでその庭を描き続けた。特に睡蓮の池は重要なテーマとなり、200点以上の作品を残した。

『ルーアン大聖堂』（上）と『ジヴェルニーの積みわら』（左）

フェルナン・レジェ
Fernand Léger
彫刻の森美術館（☞P52）

1881年フランス・ノルマンディー地方の畜産農家の息子に生まれ、若い頃は製図工などをしながらパリで絵を学ぶ。明快な輪郭線、簡単でフラットな色使いで、人物や機械をモチーフにした作品が多く、その独自のスタイルは第一次世界大戦やアメリカでの滞在を通して確立されたという。建築家のル・コルビュジエと知り合ってからは、建築の壁画や舞台装飾などにも活動の幅を広げた。

彫刻の森美術館に展示されている躍動的なレジェの作品『歩く花』

デイル・チフーリ
Dale Chihuly
箱根ガラスの森美術館（☞P68）

1941年にアメリカ・ワシントン州で生まれたガラス彫刻家。ワシントン大学でテキスタイルデザインや建築を学び、1968年にガラス工芸で有名なヴェネチアのムラーノ島に留学。そこで大きな刺激を受ける。繊細さと大胆さが融合した多彩な表現は、ガラス素材の可能性を一気に高めて鑑賞する人の心をとりこにしている。1992年にはアメリカで初めての人間国宝に選定された。

イタリア語で斑点を意味する『マキア』。点の模様がある

パブロ・ピカソ
Pablo Picasso
彫刻の森美術館（☞P52）ポーラ美術館（☞P66）

1881年にスペイン・アンダルシア地方で生まれ、1973年に91歳でその生涯を閉じるまでに、絵画、版画、素描、陶芸作品など多彩な芸術作品を生んだピカソ。巨匠とも天才ともよばれる彼の作品は、「創造と破壊」を繰り返しながら多彩な作品を生み出した。その作風は生涯を通してめまぐるしく変わり、それぞれの時期を「青の時代」「バラ色の時代」といった名前でよばれる。そして、その作風の変化に影響を与えたという数々の女性に思いを馳せながら、作品を鑑賞するのもいい。

彫刻の森美術館では約319点を順次公開

ヘンリー・ムーア
Henry Moore
彫刻の森美術館（☞P52）

20世紀のイギリスを代表する彫刻家。1898年にイギリス・ヨークシャー州の炭鉱夫の息子として誕生し、生涯のうちに多くの抽象彫刻を残したことで知られる。「彫刻の置かれる背景として空以上にふさわしいものはない」と、屋外に展示することを好んだ。そしてその作品のほとんどは女性の人体がテーマで、さらに「母と子」「横たわる像」「内なるかたちと外なるかたち」の3つのテーマが見られる。それぞれのテーマについてムーアが残した言葉とともに鑑賞したい。

作品『ふたつに分けられた横たわる像』

ピエール＝オーギュスト・ルノワール
Pierre-Auguste Renoir
ポーラ美術館（☞P66）

1841年にフランスのリモージュで裁縫師の息子として生をうけ、13歳の頃からパリの陶芸工場で上絵付け師として働き始める。20歳の頃にシャルル・グレールの画塾に入ってモネやシスレーと集い、印象派へと発展。当時のルノワールがたびたび訪れていた、人気のダンスホールでの市民が楽しそうに集うワンシーンを描いた『ムーラン・ド・ラ・ギャレット』が有名。風景が多い印象派画家のなかでルノワールの作品は、女性像を好んでモチーフにしているのも特徴。

当時の女性の日常生活を描いた作品『髪かざり』

ニキ・ド・サン・ファール
Niki de Saint-Phalle
彫刻の森美術館（☞P52）

1930年フランス・パリ生まれ。一時はモデルとして一流雑誌の表紙を飾るほどであったが、モデルとしての生き方に疑問を持ち神経衰弱に陥る。その回復のための精神療法の一環として絵を描き始めた。代表作の『ナナ』は、「女性は結婚して夫につかえて子どもを産むもの」という、当時の伝統的な考えに立ち向かう力強いメッセージでもあった。女性の象徴でもある「妊娠」「出産」「母親」といったことをテーマにカラフルな原色を多用し、女性としての自信と喜びを表現する。

堂々とした作品『ミス・ブラック・パワー』

＼箱根ミュージアムあれこれ／

箱根のミュージアムを楽しむコツ
箱根には広い土地と空間を活かして庭園を併設したり、自然の中に溶け込むような建築設計をしたミュージアムが多い。ミュージアムでは作品を鑑賞するだけでなく、四季折々に変化する庭園の自然も楽しんで。庭園をぐるりと散歩したり、カフェやレストランでのんびりする時間を設けるのもおすすめ。

個性派美術館にも注目
箱根の冬の一大イベント「箱根駅伝」をテーマにした箱根駅伝ミュージアム（☞P89）や、箱根出身の写真家・遠藤桂氏のライフワーク、富士山の作品を飾る箱根写真美術館（☞P60）など、個性豊かなミュージアムも点在。現代日本画に焦点を絞った箱根・芦ノ湖成川美術館（☞P89）は必見。

観光施設めぐりバスを活用しよう
美術館が集まる仙石原エリアを巡るには、強羅駅から御殿場プレミアム・アウトレットを結ぶ、「観光施設めぐりバス"Skylight（スカイライト）"」が便利。レトロモダンな車両に天窓を配しており、空を眺めながら乗車できる。1枚でさまざまな乗り物に乗車可能な「箱根フリーパス」（☞P125）も利用することができる。

ココにも行きたい

仙石原のおすすめスポット

はこねしっせいかえん
箱根湿生花園

湿原に咲き誇る四季折々の草花

湿原をはじめ、川や湖沼などの水湿地に生育する植物を中心に紹介する植物園。園内には低地から高山まで、日本各地に点在する湿地帯の植物200種類のほか、高山植物など約1700種類の植物が四季折々に花を咲かせる。**DATA**☎0460-84-7293 ⏠箱根町仙石原817 ¥700円 ⏰9～17時 休無休（12月～3月19日は休園）交バス停湿生花園前から徒歩すぐ P90台 **MAP**P138C2

園内には1周約40分の遊歩道がある

2万株が群生するミズバショウ。3月頃から咲き始める

きんときじんじゃ
公時神社

金太郎伝説ゆかりの神社

昔話の主人公、金太郎のモデルとなった平安時代の武将、坂田金時を祀る。子どもや健康の神様として敬われ、5月5日の公時まつりでは、子どもたちのマラソンや相撲大会で賑わう。金時山の麓にあり、境内には金時山への登山道の入口がある。**DATA**☎0460-83-8232 ⏠箱根町仙石原1181 ¥境内自由 交バス停金時神社入口から徒歩5分 P10台 **MAP**P132B1

ら・ふぉーれ
ラ・フォーレ

和の技法を取り入れたフレンチ

季節の食材などを使ったランチのラ・フォーレコース6050円～。**DATA**☎0460-84-8541（小田急 箱根ハイランドホテル10～19時受付）⏠箱根町仙石原品の木940小田急 箱根ハイランドホテル内 ⏰7時30分～9時30分LO、17時30分～20時LO（土・日曜、祝日は昼営業11時30分～13時LOもあり）休無休 交バス停品の木・箱根ハイランドホテルから徒歩1分 P65台 **MAP**P139D2

せんごくがま
仙石窯

仙石原の豊かな自然が発想の源

仙石原で見つけた「こころなごむかたち」を焼き物で表現する、黒川淳氏のアトリエ兼ギャラリー。使うほどに味わいが出てくる作品は、湯飲み1個3000円やコーヒーカップ5000円～などが揃う。予約制で、陶芸体験教室5000円も行っている。**DATA**☎0460-84-6960 ⏠箱根町仙石原977-27 ⏰10～18時 休不定休 交バス停仙石原小学校前から徒歩5分 P5台 **MAP**P139D2

いるぴあちぇーれ
イルピアチェーレ

ボリュームたっぷりのイタリアン

本場のイタリアで修業を積んだシェフが営む、イタリアレストラン。サラダとドリンクが付くランチは1500円。プラス500円で前菜とデザートを付けることができる。**DATA**☎0460-84-4630 ⏠箱根町仙石原901-31 ⏰11時30分～14時LO、17時30分～20時LO（週末の夜は要予約）休水曜、月1回木曜（臨時休業あり）交バス停川向から徒歩2分 P5台 **MAP**P139D2

そろぴっざ たろーず
solo pizza TARO's

焼きたてアツアツのピザ

石窯で焼くピザが評判。チーズたっぷりのマルゲリータ1980円や、生野菜がたっぷりのったベルドゥーラ1760円など、約8種類がある。**DATA**☎0460-85-2884 ⏠箱根町仙石原999 ⏰11時30分～15時、17～21時（木曜は17時～、日・月曜、祝日は11時30分～15時、17時～20時30分）休火・水曜 交バス停仙石原小学校前から徒歩8分 P10台 **MAP**P139E1

あずーる むーん
AZURE MOON

インド人シェフが作る本格カレー

本場インドのスパイスがきいたカレーが味わえる。定番人気は、5種類のカレーから選べるスペシャルランチセット1830円。カレーに、タンドリー窯で焼くナンや、シシカバブ、サラダなどが付く。**DATA**☎0460-84-6221 ⏠箱根町仙石原184 ⏰11時30分～14時30分、17時30分～20時30分 休木曜（祝日の場合は営業。冬期休業あり）交バス停仙石案内所前から徒歩2分 P8台 **MAP**P138C1

れすとらん・あれい
レストラン・アレイ

緑を望む開放的な空間でアートを味わう

ポーラ美術館が立つ小塚山の緑やヒメシャラの林を眺めながら食事が楽しめる。画家ゆかりの地の名産を取り入れるなど、企画展ごとに趣向を凝らしたランチコースが人気。レストランのみの利用も可。**DATA**☎0460-84-2111（ポーラ美術館）⏠箱根町仙石原小塚山1285 ⏰11～16時LO 休無休（展示替えによる臨時休あり）交バス停ポーラ美術館から徒歩すぐ P163台（1日500円）**MAP**P139E4

はこねずし
はこねずし

ふっくら柔らかな穴子が絶品

地元住民御用達のアットホームな寿司店。看板メニューの穴子寿司2640円は、創業以来継ぎ足している甘めのツメがおいしさの決め手。11〜3月頃限定の鯖寿司2420円も人気だ。シャリには御殿場産の米を使っている。**DATA** ☎0460-84-7890 ㊎箱根町仙石原817 ⏰11時30分〜14時LO、17〜20時LO ㊡月・火曜 🚌バス停台ヶ岳から徒歩5分 🅿4台 **MAP** P139D2

じねんじょ蕎麦 箱根 九十九
じねんじょそば はこね つくも

こだわり抜いた自然薯とそば

白を基調としたモダンな店内で、厳選された国産のそば粉で打つそばを味わえる。そば前三点盛、自然薯とろろそば、自然薯むぎとろ飯、薬味がセットになった自然薯とろろそば御膳（冷）は2365円。自然薯は自社生産というこだわり。**DATA** ☎0460-84-0899 ㊎箱根町仙石原917-11 ⏰9時〜19時30分 ㊡無休 🚌バス停川向から徒歩すぐ 🅿30台 **MAP** P139D2

そば処 穂し乃庵
そばどころ ほしのあん

ロケーションが自慢のそば店

目の前のススキ草原を眺めながら食事が楽しめる。看板商品は大名そば1210円。ローストした地鶏をのせたそばに、箱根湧水で作った冷や奴や、温泉玉子などが付く。地鶏カレー丼1430円や、とろろ定食1540円などそば以外のメニューも充実。**DATA** ☎0460-84-0055 ㊎箱根町仙石原817 ⏰11〜15時、17〜20時 ㊡木曜 🚌バス停仙石高原から徒歩3分 🅿18台 **MAP** P138B4

しずく亭
しずくてい

滋味豊かでヘルシーな自然薯料理

天然の自然薯は注文を受けてからすりおろし、2種類の味噌と、嬰寿の命水（P129）で作るだしを加える。季節の干物が付く、麦とろ3300円、とろろそば1800円などで味わおう。**DATA** ☎0460-84-2248 ㊎箱根町仙石原1246 ⏰11時〜14時20分LO（土・日曜、祝日は完全予約制で夜営業あり）㊡木曜（祝日の場合は昼のみ）、12〜3月は不定休 🚌バス停仙石高原から徒歩4分 🅿4台 **MAP** P138B3

中華 壺仙
ちゅうか つぼせん

料理歴50年以上の主人が腕を振るう

おすすめは、エビやホタテのほか、野菜がたっぷり入ったボリューム満点の海鮮ラーメン1200円。地鶏やかつおぶしでだしをとったWスープは、自家製麺との相性も抜群。小エビのチリソース1600円など一品料理も豊富。**DATA** ☎0460-84-2078 ㊎箱根町仙石原817-265 ⏰11〜14時LO、17時〜19時30分LO ㊡月・火曜 🚌バス停大原から徒歩すぐ 🅿5台 **MAP** P138C2

かま家
かまや

温泉にも浸かれる釜飯専門店

炊きたての釜飯を味わえるアットホームな食事処。鮭とイクラの釜飯、アナゴと鶏の釜飯各1580円など、全7種類揃う。店内には温泉もあり、釜飯が炊き上がるまでの間、入浴750円しながらのんびり待つのもおすすめだ。**DATA** ☎0460-84-5638 ㊎箱根町仙石原817-103 ⏰9〜19時（変更の場合あり）㊡第3水・木曜 🚌バス停台ヶ岳から徒歩5分 🅿5台 **MAP** P138C2

松月堂菓子舗
しょうげつどうかしほ

50年以上親しまれている老舗

昭和初期に創業した昔ながらの和菓子店。自家製の季節の音 最中は、1個150円、6個入り950円、10個入り1600円。つぶ餡とこし餡があり、売り切れ次第終了。富山産のもち米100%を使ったおかき・あられ130円〜、和三盆糖の干菓子520円〜。**DATA** ☎0460-84-8526 ㊎箱根町仙石原230 ⏰10〜17時 ㊡水曜（祝日の場合は営業）🚌バス停仙石案内所前から徒歩すぐ 🅿5台 **MAP** P139D1

箱根 笹とうふ かつまた
はこね ささとうふ かつまた

創業100年以上の豆腐の老舗

大正9年（1920）創業、現代は4代目が継承する豆腐店。箱根の湧水と国産大豆・フクユタカを使用し、昔ながらの豆腐作りを続けている。もめん190円、きぬ170円のほか、大豆を丸ごと使った豆腐、かぐや姫300円が人気だ。惣菜なども販売している。**DATA** ☎0460-84-8074 ㊎箱根町仙石原116 ⏰9〜17時 ㊡火〜木曜 🚌バス停仙石から徒歩1分 🅿2台 **MAP** P139D1

> **column**
>
> ### 金太郎の伝説が残る 金時山へハイキング
>
> 金太郎が生まれたという言い伝えが残る山。公時神社（→P74）から登るのが一般的で、片道約1時間30分。**DATA** ☎0460-85-5700（箱根町総合観光案内所）🚩⏰㊡散策自由 🚌登山道入口はバス停金時神社入口から徒歩すぐ 🅿90台（金時登山口駐車1回800）**MAP** P132B1

 仙石原から桃源台や強羅方面への移動は、2022年10月に開通した箱根登山バスの桃源台・強羅線が便利です。

仙石原 ●ココにも行きたい 仙石原のおすすめスポット

これしよう！
昔の旅人気分で
箱根関所を体験

江戸時代の関所を完全復
元。当時の旅人は関所を通
るのに苦労した。(☞P84)

これしよう！
夏でもひんやり
旧街道ハイキング

夏の日差しや冬の寒さか
ら旅人を守った杉並木を
歩いてみよう。(☞P86)

これしよう！
芦ノ湖といえば
箱根海賊船

湖上を往来する海賊船は
乗っても眺めても楽しい
芦ノ湖観光の目玉。(☞P78)

名所や史跡が点在する絶景スポット

芦ノ湖周辺

あしのこしゅうへん

旅人も立ち寄
った甘酒茶屋
(☞P87)

芦ノ湖周辺は
ココにあります！

こんなところ

芦ノ湖は富士山を望む景勝地。海賊船をは
じめ、年間を通してレイクレジャーが盛ん
だ。絵葉書のような絶景を眺めながら、ア
ウトドアを楽しんだり、湖畔のカフェでの
んびり過ごそう。周辺の箱根神社や箱根関
所、旧街道の面影を残す杉並木や石畳は、
歴史ファンならぜひ訪れたい場所。

a c c e s s

〈バスで〉●箱根湯本駅から
箱根登山バス・伊豆箱根バス
で元箱根まで35分、箱根町
まで45分

〈車で〉●箱根口ICから
県道732号で元箱根まで約
18㎞、元箱根から国道1号で
箱根町まで約2km

問合せ
☎0460-85-5700
箱根町総合観光案内所
MAP P135F3

～芦ノ湖周辺　はやわかりMAP～

箱根園へ
箱根園
湖尻
桃源台へ
神社上
桃源台へ
九頭龍神社新宮（☞P83）
小涌谷へ
畑宿へ

4 箱根神社（☞P79・82）
3 箱根チーズテラス（☞P89）

ツツジ庭園（☞P118）
小田急 山のホテル
箱根小田急 山のホテル
日吉神社
旧街道石畳
元箱根

第六天神社
曽我神社
玉村豊男ライフアートミュージアム
元箱根
箱根神社入口
興福院

5 プレミアムショップ＆サロン・ド・テロザージュ（☞P81）

箱根芦ノ湖遊覧船乗場

雪化粧の逆さ富士絶景ポイント
湖面に富士山が映りこむ「逆さ富士」。冬晴れの早朝がベスト。

箱根海賊船（元箱根港）（☞P78）**6**

元箱根港
元箱根港
日輪寺
身代わり地蔵
箱根・芦ノ湖 成川美術館

箱根旧街道一里塚

武将を救った身代わり地蔵
梶原景季が箱根で襲われた際、身代わりになったという地蔵。

日本橋から24里箱根旧街道一里塚
旅人の目印のため、一里（約4km）ごとに築かれた塚。

芦ノ湖

箱根町役場箱根（出）
箱根支所前
塔ヶ島
県立恩賜箱根公園

2 箱根旧街道杉並木（☞P86）

箱根関所資料館
恩賜公園前

1 箱根関所（☞P84）

箱根関所跡

箱根 芦ノ湖遊覧船乗場
箱根ホテル
本迹寺
箱根海賊船箱根町港
箱根町
箱根ホテル前
箱根町港
箱根峠へ

箱根町

0　　200m
N

芦ノ湖周辺

観光のヒント
多種多様な交通手段を有効活用

元箱根には箱根 芦ノ湖遊覧船の双胴船も発着。箱根園を経由して、箱根関所方面へ行くことができる。

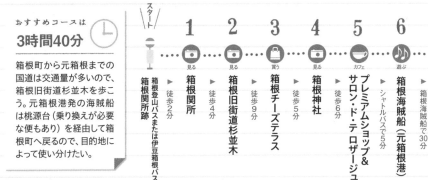

おすすめコースは
3時間40分

箱根町から元箱根までの国道は交通量が多いので、箱根旧街道杉並木を歩こう。元箱根港発の海賊船は桃源台（乗り換えが必要な便もあり）を経由して箱根町へ戻るので、目的地によって使い分けたい。

スタート		**1**		**2**		**3**		**4**		**5**		**6**		ゴール
		見る		見る		買う		見る		カフェ		遊ぶ		
箱根登山バスまたは伊豆箱根バス 箱根関所跡	▶	箱根関所	▶ 徒歩2分	箱根旧街道杉並木	▶ 徒歩4分	箱根チーズテラス	▶ 徒歩9分	箱根神社	▶ 徒歩5分	プレミアムショップ＆サロン・ド・テロザージュ	▶ 徒歩6分	箱根海賊船（元箱根港）	▶ シャトルバスで5分　箱根海賊船で30分	箱根登山バス 桃源台

富士山をバックに深呼吸
絶景を眺めながら芦ノ湖クルーズ

箱根外輪山の山並みに囲まれた芦ノ湖は箱根屈指の自然美にあふれています。
箱根随一の景勝地で海賊船やボートなどレイクレジャーを楽しみましょう。

芦ノ湖ってこんなところ
約3000年前の火山活動により誕生した湖で、箱根連山や富士山を望む。クルージングや湖上レジャーも盛ん。

海賊船で
待ってるぞ！

はこねかいぞくせん
箱根海賊船

クラシカルな船に乗って芦ノ湖を周遊

豪華な装飾が施された色鮮やかな観光船。自然豊かな芦ノ湖を現在3隻の船が運航しており、クラシック調の特別船室もある。桃源台港、元箱根港、箱根町港のどこからでも乗船可能なので、観光の交通手段としても便利。

☎0460-83-6325 🏠箱根町箱根161(箱根町港)
💰片道420円〜（特別船室利用の場合は別途180円〜）🕘9時30分〜17時（季節、港により変動あり）
🈵荒天時 🚌バス停箱根港から徒歩すぐ 🅿約120台(箱根町港)ほか、各港にあり 🅼P141B4

⚓ **ビクトリー**
18世紀のイギリスの戦艦がモデル。船首には王家の紋章をイメージした装飾が施されている。

⚓ **ロワイヤルⅡ**
18世紀のフランス艦隊の旗艦ロワイヤル・ルイがモデル。船内には人形像や舵輪などを配置している。

⚓ **クイーン芦ノ湖**
芦ノ湖に映えるゴールドの船体、内外装に木材をふんだんに使った温かみのあるデザインが特徴。

定番のスワンボートは
ペダルで漕ぐタイプ

芦ノ湖遊覧船の
**お得な
割引キップ**

箱根 芦ノ湖遊覧船往復と箱根 駒ヶ岳ロープウェー往復のセット券2870円のほか、近隣施設（箱根園水族館）とのセット券もあるので上手に活用して芦ノ湖レジャーを楽しみましょう。
☎0460-83-6351(元箱根港)

こじりぼーとくみあい
湖尻ボート組合
足漕ぎボートでスイスイ移動

芦ノ湖沿いの湖尻から桃源台の桟橋に5・6店舗が並び、均一料金でボートが借りられる。スワンボートで湖上散歩を楽しもう。
☎なし 🏠箱根町元箱根162 ▶手漕ぎボート（2人乗り）30分1000円～、ペダルボート（3人乗り）30分1500円 ⏰9時30分～日没（季節により変動あり）休不定休 🚌バス停桃源台から徒歩5分 🅿各店に駐車スペースあり MAP P140A2

はこねろーぷうぇい
箱根ロープウェイ
DATA ☛P56

桃源台駅から早雲山駅まで
全長約4km

はこね あしのこゆうらんせん
箱根 芦ノ湖遊覧船
展望デッキから湖上の景色を堪能

2つの船体を甲板で平行につないだ双胴遊覧船が運航。揺れが少なく、快適な船旅が楽しめる。元箱根港、箱根関所跡港、箱根園港の3つの港で乗船可能。
☎0460-83-6351 (元箱根港) 🏠箱根町元箱根45-3 (元箱根港) ▶1000～1800円 ⏰10時～15時35分（季節により変動あり）休荒天時 🚌バス停元箱根から徒歩2分 🅿各港にあり（一部有料）
MAP P141C2

十国丸と箱根神社の平和の鳥居

はこねじんじゃ
箱根神社
DATA ☛P82

手水舎横の第四鳥居から
見る参道は圧巻

あしのこくらぶ
芦ノ湖倶楽部
大自然に抱かれて
湖上レジャーを体験

ガイド付きカヤックツアー（1名1時間6600円）など、湖上レジャーが充実。初心者から上級者まで楽しめる。
☎0460-83-7707 🏠箱根町箱根253-20 ▶九龍神社参拝クルージング（定員4名）1艘7000円、ウェイクボード（2回コース）1万2000円など ⏰9～17時（完全予約制）休荒天時 🚌バス停箱根町から徒歩3分 🅿6台
MAP P141B4

アクティブに箱根の
自然を満喫できる

🚩 観光船の
発着場所はココ！

箱根海賊船は桃源台港、元箱根港、箱根町港から発着。箱根芦ノ湖遊覧船は元箱根港、箱根園港、箱根関所跡港から発着。各港を事前に確認して、快適にクルージングを楽しもう。

地図内ラベル

箱根ロープウェイ
姥子　大涌谷
桃源台港　桃源台
湖尻ボート組合
芦ノ湖
駒ヶ岳山頂
箱根海賊船
箱根 駒ヶ岳ロープウェー
箱根園
箱根園港
箱根 芦ノ湖遊覧船
ラス芦ライノイ湖
箱根神社
芦ノ湖遊覧船
元箱根港
箱根関所跡
箱根関所
箱根町港
芦ノ湖倶楽部

はこね こまがたけろーぷうぇー
箱根 駒ヶ岳ロープウェー
眼下に箱根の箱庭が
広がる大パノラマ

箱根園から駒ヶ岳山頂までの約1.8kmを結び、芦ノ湖や富士山を眺めながら空中散歩が楽しめる。頂上には箱根元宮（☛P83)が立つ。
☎0460-83-1151 (箱根園) 🏠箱根町元箱根139 ▶往復1800円 ⏰9～17時（上り最終は16時30分）休無休（荒天時、年次点検などの運休あり）🚌バス停箱根園から徒歩すぐ 🅿312台(有料)MAP P140A3～B2

はこねせきしょ
箱根関所
DATA ☛P84

江戸時代に旅人の往来を
取り締まっていた

晴れた日は山頂から房総半
島も望める

芦ノ湖周辺●富士山をバックに芦ノ湖クルーズ

芦ノ湖ビューの絶景カフェで
極上のティータイムを過ごしましょう

芦ノ湖畔には富士山や箱根連山を見渡せるカフェが点在。
おいしいスイーツを食べながらプチ贅沢な気分を味わって。

レイクビュー CHECK！
目の前に芦ノ湖が広がり、時には行き交う遊覧船が見られることも。1階のテラスには足湯を用意

芦ノ湖フロート 750円
芦ノ湖をイメージしたという、ジンジャーエールがベースのさわやかなドリンクは2階のカフェで味わえる

Bakery&Table 箱根
1階のベーカリー。工房で焼き上がったばかりのパンがショーケースに並ぶ

オリジナリティあふれる創作パンがなんと40種類以上も並ぶ（☞P102）

べーかりーあんどてーぶる はこね
Bakery&Table 箱根
湖畔の景色と焼きたてパンが自慢のカフェ

芦ノ湖の眺めと店内で焼き上げるパンを目当てに、朝から客が絶えない人気店。1階はベーカリーとパーラー、2階はカフェ、3階はサンドイッチやシチューとパンのセット、スイーツが自慢のレストランになっており、いずれも絶景。

☎0460-85-1530 ⟨住⟩箱根町元箱根9-1 ⟨時⟩10〜17時 ⟨休⟩不定休 ⟨交⟩バス停元箱根港から徒歩すぐ ⟨P⟩なし **MAP** P141C2

レイクビュー CHECK！
高台にあるため眺望は抜群。幅約20mの窓の外には、芦ノ湖の大パノラマも広がる

ケーキは常時3〜4種類。季節替わりのケーキとドリンクのセットは1100円

抹茶セット 1100円
貴重な美術工芸品の器で供される抹茶と、季節の和菓子のセット

てぃーらうんじきせつふう
ティーラウンジ季節風
絵画のような芦ノ湖の雄大な眺めを堪能

箱根・芦ノ湖 成川美術館（☞P89）併設のカフェ。窓際の席は全席レイクビュー。絶景を眺めながら、陶芸家やガラス工芸家の器でゆったりとお茶を楽しもう。

☎0460-83-6828 ⟨住⟩箱根町元箱根570 ⟨¥⟩美術館入館料1500円 ⟨時⟩10時〜16時30分 ⟨休⟩無休 ⟨交⟩バス停元箱根港から徒歩3分 ⟨P⟩70台 **MAP** P141C2

オリジナル紅茶を おみやげに どうぞ

「プレミアムショップ&サロン・ド・テ ロザージュ」は日本紅茶協会の認定店。2階のショップでは、ティーインストラクターがセレクトした約30種類の紅茶や、オリジナルジャムなどを販売しています。

☎0460-83-6321 **MAP** P141A1

芦ノ湖周辺 ● 芦ノ湖ビューの絶景カフェ

ロザージュ伝統のあつあつりんごパイ―バニラアイス添え― 1800円
焼きたてパイのサクサクと、冷たいバニラアイスのハーモニーが絶妙

レイクビュー CHECK！
湖に張り出したテラス席に座れば、芦ノ湖に浮かんだような気分が味わえる。5〜8月は人気席になる

ショップでは、花片やフルーツ片がブレンドされた各種茶葉を購入できる

ぷれみあむしょっぷあんどさろん・ど・て ろざーじゅ
プレミアムショップ&サロン・ド・テ ロザージュ
湖上テラスで味わう紅茶と絶品スイーツ

小田急 山のホテル（☞P117）直営のティーサロン。常時30種類以上揃う紅茶950円〜は、ティーインストラクターがこだわりぬいたもの。目の前に広がる芦ノ湖を眺めながら、ポットサービスの紅茶とオリジナリティあふれるデザートで優雅なひとときを過ごそう。

☎0460-83-6321 **住**箱根町元箱根80 **時**11〜16時LO **休**無休（冬期休業あり）
交バス停元箱根港からシャトルバスで5分 **P**100台 **MAP** P141A1

ら・てらっつぁあしのこ
ラ・テラッツァ芦ノ湖
開放的なテラス席でリゾート気分を満喫

湖畔のイタリアンレストラン。30種類ものピッツァや地元の食材を生かしたメニューのほか、季節感たっぷりのジェラートもおいしい。テラス席で心地よい風を感じよう。

☎0460-83-1074 **住**箱根町元箱根61
時10時30分〜19時30分LO（土・日曜、祝日は9時〜）**休**無休（2月に臨時休業あり）**交**バス停元箱根から徒歩3分 **P**18台 **MAP** P141C1

レイクビュー CHECK！
レイクサイドのテラス席。箱根連山や遊覧船、湖畔に立つ箱根神社の朱塗りの鳥居が一望できる

季節感たっぷりのジェラート500〜600円

ティラミス 700円
こだわりの自家製ティラミスは、贅沢で濃厚な味わいが人気の一皿

天候や季節（冬期）によりオープンテラスはクローズすることもあります。

箱根の大地パワー感じながら運気上昇を願って三社参り

箱根は山の神、湖の神が鎮まるパワースポット。開運や恋愛成就を願って
箱根神社、九頭龍神社、箱根元宮の三社をお参りしましょう。

はこねじんじゃ
箱根神社 運気UP!

芦ノ湖畔に鎮まる関東の護り神

奈良時代の創建。古くは鎌倉幕府の祈願
所であり、関東総鎮守として尊崇された。
開運アップのご利益があるとされ、人気の
スポットになっている。

☎0460-83-7123 🏠箱根町元箱根80-1 💴境
内無料(宝物殿は500円) 🕐参拝自由(宝物殿は9
〜16時) 🚫無休(宝物殿は展示替えによる臨時休
館あり) 🚌バス停元箱根港または箱根神社入口から
徒歩9分 🅿200台(7〜17時) **MAP** P141B1

芦ノ湖畔に立つ「平和の鳥居」にも注目を

ご利益グッズ

交通安全
肌身御守
500円
交通安全の
御守

小槌守 500円
打出の小槌が描か
れた白木の御守。ぜ
ひ持ち歩いて

印籠御守 500円
源頼朝公ゆかりの
開運厄除の御守

参拝のための HOW TO

手水舎でお清め

神社でお参り
する前にはま
ず、手水舎で
手を洗い、口
をすすいで心
身を清めよう。

御社殿の前で一礼

約90段の石
段の参道を
上ると権現造
の御社殿が
現れる。ここ
から先は一層
気持ちをあら
ためて。

感謝の気持ちで参拝

会釈→賽銭
→二拝二拍
手一拝→会
釈の順でお
参りを。心を
込めて、まず
は神様に日頃
の感謝の気持
ちを伝えよう。

第五鳥居をくぐると現れる朱塗りの御社殿

駒ヶ岳山頂にある箱根神社の奥宮

古くは山岳信仰の一大霊場として知られた箱根山。そのひとつ、駒ヶ岳山頂には箱根元宮が鎮まり、白馬に乗った神様が降臨したと伝わる馬降石などもあります。☎0460-83-7123(箱根神社) **MAP** P140B2

くずりゅうじんじゃほんぐう

九頭龍神社本宮

ラブ運UP！

本宮をお参りして恋愛運UP！

箱根九頭龍の森内にある箱根神社の境外末社。芦ノ湖の守護神である九頭龍大神を祀る。近年、縁結びにご利益があるとされ、女性の間で人気上昇中。特に毎月13日に行われる月次祭が有名だ。

☎0460-83-7123(箱根神社) 住箱根町元箱根(箱根九頭龍の森内) ¥「箱根九頭龍の森」入園600円 ⏰9〜16時 休無休 🚌バス停箱根園から徒歩30分 ※毎月13日は元箱根港から専用の参拝船で15分、下船してから徒歩5分 P なし **MAP** P140A2

つきなみさい

月次祭って？

神様への日頃の感謝と祈願のため毎月13日に行われる。参拝船で出航し、お祭りに参列。2022年11月現在、祭典は神職と代表者のみで斎行。一般参列は不可。

🚩**祭りのスケジュール**

8:00	参拝受付	
▼		
9:10	元箱根港から出発	
▼	九頭龍神社本宮	
10:00	月次祭	
▼		
11:00	湖水神事	
▼	弁財天社	
11:15	月次祭	
▼	白龍神社	
11:30	参拝	

箱根神社境内に鎮まる

くずりゅうじんじゃしんぐう

九頭龍神社新宮

箱根神社との両社参りを

本宮と同じ神様の九頭龍大神を祀る。2000年に箱根神社境内に建立され、九頭龍神社に参拝しやすくなった。本宮と同じく縁結びや商売繁盛のご利益がある。

☎0460-83-7123(箱根神社) 住箱根町元箱根80-1 ¥境内無料 ⏰参拝自由 休無休 🚌バス停元箱根から徒歩9分 P200台(7〜17時) **MAP** P141B1

箱根神社右隣の九頭龍神社新宮

ご利益グッズ

九頭龍えんむすび御守1000円
絵馬タイプの御守。裏面に願いごとを書いて

九頭龍根付御守1000円
太陽の光を浴びると鮮やかな紫色に変わる

箱根神社の霊水、龍神水。お水取りも可能で、ペットボトル100円もある

※掲載している九頭龍神社の御守は箱根神社で授与しています。

芦ノ湖周辺 ● 運気上昇を願って三社参り

 ペットボトルで持ち帰った龍神水はすぐに飲用するか、神棚にお供えしましょう。

お茶屋の甘酒でひと息ついて
箱根の関所で江戸体験

旅人の往来を取り締まっていた江戸への出入検査場で
歴史を学びながら関所越えをしてみましょう。

江戸時代の重要な史跡を復元した箱根関所の全景

さらに詳しく
知りたいなら

はこねせきしょ
箱根関所
見学時間
45分

旅人気分で江戸時代に
タイムスリップしよう

関所は、旅人の往来を取り締まっていた幕府の監視所のこと。そもそも関所は飛鳥時代から存在し、江戸時代には全国50数カ所に設けられていた。元和5年（1619）に設置された箱根関所は、規模も大きく、重要な役割を担っていたという。

☎0460-83-6635 住箱根町箱根1 ¥500円（箱根関所資料館と共通）営9～17時（12～2月は～16時30分、いずれも入館は閉館30分前まで）休無休 交バス停箱根関所跡から徒歩2分 Pなし（近隣駐車場利用）MAP P141B3

＼こんな役人がいた！／

ひとみおんな
人見女
出女の通行を取り締まっていた、世襲制の専門職

ばんがしら
伴頭
小田原藩士。約20人いた関所役人たちの最高責任者

ばんし
番士
手形改めや通行人検問など、運営業務にあたる役人

いりでっぽう でおんな
❈「入鉄砲に出女」とは？
江戸に持ち込まれる武器と江戸から出て行く女性のことで、特に厳しく監視していた取り締まり対象の人物たち。
※箱根関所では入鉄砲の検査は行われておらず、出女に厳しい関所だったといわれている。

箱根関所資料館へ

箱根関所に隣接しており、実物の関所通行手形や、関所破りの記録書など、興味深い資料を展示している。大名行列のミニチュア展示も見られる。

☎0460-83-6635 住箱根町箱根1 ¥500円（箱根関所と共通）営9～17時（12～2月は～16時30分、いずれも入館は閉館30分前まで）休無休 交バス停箱根関所跡から徒歩4分 Pなし
MAP P141B3

旅人は、旅の目的や身体の特徴などが記された通行手形を持参した

箱根旧街道で江戸情緒を満喫

東海道随一の難所といわれた箱根旧街道。そんな厳しい道を往来する旅人のために、幕府は杉並木や石畳を整備しました。今では、風情が残る散策コース（☞P86）になっています。

とおみばんしょ
遠見番所

高台にある。四方の窓から、足軽が昼夜交代で芦ノ湖や街道沿いを見張っていた。芦ノ湖を一望できる絶景ポイント。

おおばんしょ・かみばんきゅうそくじょ
大番所・上番休息所

関所の中心となる建物。大番所で旅人の関所改めを行った。上番休息所は、1ヵ月交代で勤務する役人の日常生活の場。

江戸口御門
御制札場
江戸口
千人溜
矢場
足軽番所
雪隠
二つ道具建
外屋番所
売札所

あしがるばんしょ
足軽番所

足軽が控えたり、寝たりする場所。また、関所破りをした罪人を一時的に拘束する獄屋などもあった。

うまや
厩

2頭の馬が飼われていた。空いた場所には掃除道具や火消し道具などが置かれ、納屋としても使われていた。

きょうぐちごもん
京口御門

高麗門という形式の門。京都方面から来た場合には、この門から箱根関所の施設内に入る。対面は江戸口御門。

お茶屋でひと息
おばんしょちゃや
御番所茶屋

関所の江戸口御門を出て左手にある。芦ノ湖を眺めながら、名物のだんご370円と甘酒で休憩しよう。
☎なし 🏠箱根町箱根6-3 🕙10〜16時 🈺不定休（要問合せ）🚌バス停箱根関所跡から徒歩3分 🅿なし 🗺P141B3

芦ノ湖周辺 ● 箱根の関所で江戸体験

📖「箱根関所資料館」では、お関所ブックレット300円やストラップ500円など、オリジナル関所グッズも販売しています。

江戸の面影をたどって
箱根旧街道をハイキング

江戸時代には、江戸と京都を結ぶ主要道だった箱根旧街道。
旅人気分で石畳を歩いて往時の面影をたどってみましょう。

箱根旧街道って こんなところ

箱根旧街道は、江戸から京都までの東海道 約500kmのうち、小田原周辺から静岡県三島までの約32kmの区間。急坂が多い難所だが、江戸時代には多くの旅人が往来した。
☎0460-85-5700(箱根町総合観光案内所)

●約3.3km

所要時間
1時間30分

おすすめ ハイキングコース

♀ 箱根関所跡から徒歩2分

① **箱根関所**
　▼徒歩約10分

② **県立恩賜箱根公園**
　▼徒歩約10分

③ **箱根旧街道杉並木**
　▼徒歩約7分

④ **第一鳥居**
　▼徒歩約6分

⑤ **ケンペル・バーニーの碑**
　▼徒歩約25分

⑥ **旧街道石畳**
　▼徒歩約10分

⑦ **甘酒茶屋**
　▼徒歩すぐ

⑧ **箱根旧街道休憩所**
♀ 甘酒茶屋まで徒歩すぐ

② けんりつおんしはこねこうえん
県立恩賜箱根公園

明治時代に造営された箱根離宮跡地に広がる公園。湖畔展望館のバルコニーからは芦ノ湖の先にそびえる富士山が一望できる。目の前の大パノラマに感動！
DATA ☞P88

④ だいいちとりい
第一鳥居

芦ノ湖沿いの国道1号線に立つ大鳥居で、第二鳥居、第三鳥居へと続く箱根神社の参道の入口。
MAP P141C2

① はこねせきしょ
箱根関所

江戸防衛の拠点だった箱根関所からスタート！**DATA** ☞P84

地図

箱根園へ
旧街道口 ①
権現坂
元箱根 ⅰ 興福院 杉並木
ケンペル・バーニーの碑 ⑤
旧街道遊歩道のスタート地点
第一鳥居 ④
ⅰ ♀ 元箱根港 ①
杉並木は国道沿いの歩道
箱根支所前
芦ノ湖
県立恩賜箱根公園 ②
③ 箱根旧街道杉並木
恩賜公園前 ♀
START!
箱根関所資料館
箱根関所 ①
♀ 箱根関所跡
箱根峠へ

③ はこねきゅうかいどうすぎなみき
箱根旧街道杉並木

左右に杉並木が立ち並ぶ約500mの街道を歩くと、空気が清々しくて気持ちいい。杉の木は、旅人を雨や日射しから守るために植栽したといわれ、樹齢370年以上の木もある。**MAP** P141B3

⑤

けんぺる・ばーにーのひ
ケンペル・
バーニーの碑

箱根の自然保護に貢献したドイツ人医師ケンペルと、イギリス人貿易商バーニーの2人の功績を称える石碑で、旧街道遊歩道のスタート地点。ここから山道に入る。**MAP** P141C1

人力車で
箱根の名所
をめぐる

箱根旧街道杉並木や箱根関所周辺を人力車で案内する「箱根じんりき」は、ひと味違う名所観光ができると好評です。関所前に待機していますが、不定期で休業することがありますので予約がおすすめ。
☎090-3152-1398 **MAP** P141B3

\ ここでひと休み /

甘酒400円は米麹の自然な甘みで砂糖不使用。力餅はいそべ、うぐいす、黒ごまの3種類。1人前餅2つで500円、組み合わせも自由。

お玉ヶ池　お玉ヶ池

馬子唄の碑

⑥ 旧街道石畳

約1kmの石畳の道

旧街道石畳

⑦ 甘酒茶屋

⑧ 箱根旧街道休憩所

GOAL!

甘酒茶屋から石畳までは徒歩約10分

甘酒茶屋

猿滑坂

畑宿へ

あまさけちゃや
⑦ ## 甘酒茶屋

江戸初期から旅人の疲れを癒やしてきた茶屋。栄養満点の甘酒と名物の力餅を食べれば体力が回復することまちがいなし。甘酒はノンアルコール。

☎0460-83-6418 🏠箱根町畑宿395-28 ⏰7時〜17時30分 🈳無休 🚌バス停甘酒茶屋から徒歩すぐ 🅿24台 **MAP** P140C3

きゅうかいどういしだたみ
⑥ ## 旧街道石畳

箱根越えは東海道で最大の難所だったため、延宝8年（1680）、江戸幕府によって石畳が敷設された。おかげで雨や雪の日でも格段に歩きやすくなったという。とはいえ滑りやすいので、足元に注意して歩こう。**MAP** P140C3

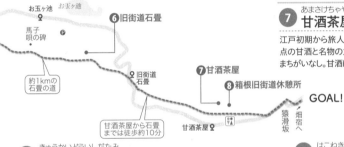

はこねきゅうかいどうきゅうけいじょ
⑧ ## 箱根旧街道休憩所

甘酒茶屋のすぐ隣にある無料休憩所。武士から庶民までが通った江戸時代の旅の資料なども展示されているので、気軽に立ち寄ってみよう。

☎0460-85-7410（箱根町観光課）🏠箱根町畑宿395 ⏰9〜17時（12〜2月は〜16時30分）🈳無休 🚌バス停甘酒茶屋から徒歩すぐ 🅿なし **MAP** P140C3

帰りはバス利用がおすすめ！

ハイキングの帰りは、バス停甘酒茶屋から箱根登山バスを利用すれば時間を有効に使える。箱根湯本駅方面、元箱根港方面行きのバスがある。

📖 旧街道の箱根関所〜畑宿は人気の散策コースです。箱根関所出発は下りが多く、畑宿出発は上りが多くなります。

ココにも行きたい

芦ノ湖周辺のおすすめスポット

けんりつおんしはこねこうえん
県立恩賜箱根公園

富士山と芦ノ湖の絶景が有名

芦ノ湖畔に位置し、明治時代に皇族の避暑と海外からの賓客のために造営された箱根離宮跡地に広がる公園。手入れの行き届いた園内にはマメザクラやヤマユリなど季節の花々が咲く。湖畔展望館2階のバルコニーからの眺めは格別。**DATA☎**0460-83-7484 **住**箱根町元箱根171 **¥**無料（湖畔展望館も入館無料）**⏰**湖畔展望館は9時～16時30分**休**無休 **交**バス停恩賜公園前から徒歩すぐ **P**62台（1時間320円）**MAP**P141B3

散策路にも芦ノ湖と富士山を望める展望台がある

離宮時代の資料を展示している湖畔展望館

せきしょからくりびじゅつかん
関所からくり美術館

工作体験もできるおもしろ美術館

小田原・箱根の伝統工芸「からくり」の歴史を紹介する美術館。展示室内にもからくりが仕掛けてあり、楽しい。寄木細工実演のほか、コースターや秘密箱などの工作体験（**¥**1100円～）**⏰**10～15時最終受付、所要40分、要予約）もできる。**DATA☎**0460-83-7826 **住**箱根町箱根16 **¥**無料 **⏰**9～17時 **休**無休 **交**バス停箱根関所跡から徒歩すぐ **P**8台 **MAP**P141B3

はこねどーるはうすびじゅつかん
箱根ドールハウス美術館

小さなドールハウスの世界へようこそ

実物の12分の1サイズの精巧に作られたドールハウスやミニチュア小物数百点が展示されている。アメリカやヨーロッパ、日本の貴重な作品も見られる。

DATA☎0460-85-1321 **住**箱根町芦ノ湯84-55 **¥**入場1200円 **⏰**10～17時最終入館（11～3月は～16時30分最終入館）**休**無休（火～木曜は事前予約制。受付は2週間前まで。8月は無休）**交**バス停芦の湯から徒歩すぐ **P**45台 **MAP**P140C2

しょうじんがいけ
精進池

大蛇伝説が残る旧街道沿いの池

国道1号の最高地点近くにある、周囲約500mの池。鎌倉時代、池から先は箱根越えの難所であったため、天国と地獄の分かれ目ともいわれた。池の周囲には旅人が道中の安全を祈った石仏群や、重要文化財の六道地蔵、二十五菩薩などが残る。**DATA☎**0460-85-5700 **住**箱根町元箱根 **¥**散策自由 **交**バス停六道地蔵から徒歩すぐ **P**35台 **MAP**P140C3
※2022年11月現在、一部立入禁止

はこねえん
箱根園

芦ノ湖畔のレジャースポット

緑豊かな敷地に、温泉アザラシが人気の「箱根園水族館」や、ショッピング施設などが点在している。素焼きのカップや皿に絵付けができる体験施設もあり、子どもから大人まで楽しめる。

DATA☎0460-83-1151 **住**箱根町元箱根139 **¥**無料（箱根園水族館は1500円）**⏰**9～17時（季節により変動あり）**休**無休 **交**バス停箱根園から徒歩すぐ **P**312台（有料）**MAP**P140A3

うぇる・ぼわ
ヴェル・ボワ

本格フレンチを名ホテルで

目の前の芦ノ湖を眺めながら、本場で修業したシェフが生み出すフレンチを味わえる。季節のランチコースは6200円、伝統のハンバーグコース4800円も人気。

DATA☎0460-83-6321（小田急 山のホテル）**住**箱根町元箱根80 **⏰**7時30分～9時30分LO、11時30分～13時30分LO、17時30分～19時30分LO（ディナーは要予約）**休**無休 **交**バス停箱根港からシャトルバスで5分 **P**100台 **MAP**P141A1

きぬびきのさと
絹引の里

絹糸のように細いうどんが名物

店のこだわりは、箱根の名水を使ってそばのように細くした手打ちうどん。あく抜きした国産黒ゴボウの汁と、炒りゴマをうどんに練り込んで風味豊かに仕上げている。絹引せいろや、絹引TKG1100円～などで、のど越しのよさを堪能しよう。

DATA☎0460-83-5151 **住**箱根町元箱根6-10 **⏰**11～18時LO（季節により変動あり）**休**不定休 **交**バス停元箱根から徒歩1分 **P**10台 **MAP**P141C2

たけやぶ はこねてん
竹やぶ 箱根店

自然のなかで味わう本格手打ちそば

周辺の木々を眺めながら食事が楽しめる、テラス席を設けたそば処。石臼挽きにしたそばの実を使って打つ、コシの強いそばが味わえる。メニューは基本のせいろそば1320円や、にしんそば2200円（写真）などが揃う。**DATA☎**0460-84-7500 **住**箱根町元箱根160-80 **⏰**11時～そばがなくなるまで **休**水曜（祝日の場合は営業）**交**バス停箱根尻下から徒歩2分 **P**9台 **MAP**P140A1

はこねひゃくやく
箱根百薬

龍神様にちなんだ甘味が人気

箱根神社の第一鳥居のそばにあり、天然素材を使った身体にやさしい料理を提供する。箱根の湧水と和三盆のみで作られる龍神の玉580円が名物だ。麦とろ豆腐めし&きの子汁の定食1980円など、フードメニューも用意。**DATA** ☎0460-83-9172 **住**箱根町元箱根6-21 **時**10〜16時（土・日曜、祝日は〜17時）**休**無休 **交**バス停元箱根港から徒歩すぐ **P**なし **MAP**P141C2

ごんげんからめもち
権現からめもち

縁起物のスイーツで運気アップ

箱根神社（☞P82）の境内にあるお休み処。店の横に立つパワースポット「幸せの大きなかしわの木」を由来としたかしわ餅、大きな幸せのお福分け1150円が人気。こしあん、みそあん、つぶあんが入った詰め合わせで、おみやげにぴったり。**DATA** ☎0460-83-5122 **住**箱根町元箱根80-1 **時**10〜17時（もちがなくなり次第終了）**休**不定休 **交**バス停元箱根から徒歩9分 **P**180台 **MAP**P141B1

かなざしよせぎこうげいかん
金指寄せ木工芸館

興福寺五重塔を再現した作品は必見

箱畑宿にある寄木細工と木象嵌の専門店。1万5000個のパーツで再現された高さ1.5mの五重塔のほかに、安藤広重の「東海道五十三次」を寄木で再現した木片画なども展示。コースター880円〜、寄木ペンダント1100円〜、箸1320円〜などを販売。**DATA** ☎0460-85-8633 **住**箱根町畑宿134 **時**9〜17時 **休**無休 **交**バス停畑宿から徒歩すぐ **P**7台 **MAP**P133F4

よせぎざいくせんもんてん いっさ
寄木細工専門店 一茶

職人の技が光る寄木細工雑貨が並ぶ

手頃な寄木のしおり330円をはじめ、おみやげに最適な寄木細工の雑貨を数多く取り扱う専門店。12回操作しないと開かないというからくり箱「4寸12回」4215円など、パズル好きにも喜ばれそうなユニークな商品もおすすめだ。**DATA** ☎0460-83-6229 **住**箱根町元箱根16 **時**9時30分〜17時30分 **休**無休 **交**バス停箱根港から徒歩2分 **P**なし **MAP**P141C2

はこねちーずてらす
箱根チーズテラス

箱根初バスクチーズケーキ専門店

南箱根の牛乳と、厳選したクリームチーズをベースにした口当たりなめらかなバスクチーズケーキは、プレーン421円、いちご・抹茶各442円、チョコレート496円。季節限定のフレーバーも登場する。ミルキーな味わいながらも味さっぱりのチーズソフト486円も人気。**DATA** ☎0460-83-9007 **住**箱根町元箱根54 **時**10〜16時 **休**不定休 **交**バス停箱根港から徒歩1分 **P**なし **MAP**P141C1

あしのこちゃや
あしのこ茶屋

ハート形がかわいい縁結び焼き

箱根神社の門前町をイメージした施設で、1階はおみやげ店、2階は食事処。店頭では、ハート形の大判焼き、縁結び焼きを販売。小倉170円のほか、抹茶クリームぜんざい、小倉チーズ、アップルカスタード200円がある。**DATA** ☎0460-83-6731 **住**箱根町元箱根6-8 **時**10時〜16時30分（レストランは11時〜15時30分LO）**休**木曜 **交**バス停元箱根港から徒歩すぐ **P**12台 **MAP**P141C2

芦ノ湖畔のミュージアムをチェック！　好奇心を満たしてくれる、芦ノ湖周辺の多彩なミュージアムをご紹介します。

はこね・あしのこ なるかわびじゅつかん
箱根・芦ノ湖 成川美術館

日本画の秀作が勢揃いする

平山郁夫など現代日本画家の作品約4000点を収蔵。展望ラウンジからは、芦ノ湖と富士山の絶景を望める。**DATA** ☎0460-83-6828 **住**箱根町元箱根570 **¥**1500円 **時**9〜17時 **休**無休 **交**バス停箱根港から徒歩3分 **P**70台 **MAP**P141C2

はこねえきでんみゅーじあむ
箱根駅伝ミュージアム

箱根駅伝の感動の瞬間が蘇る

箱根駅伝の名シーンを写真や映像で紹介。選手の愛用品も展示。**DATA** ☎0460-83-7511 **住**箱根町箱根167 **¥**550円 **時**10時〜16時30分（土・日曜、祝日は9時30分〜17時。入館は閉館の30分前まで）**休**無休 **交**バス停箱根町から徒歩1分 **P**なし（隣接観光駐車場利用）**MAP**P141B4

たまむらとよおらいふあーとみゅーじあむ
玉村豊男ライフアートミュージアム

みずみずしい水彩画を展示

画家やエッセイストである玉村豊男氏のギャラリー。**DATA** ☎0460-83-1071 **住**箱根町元箱根61 **¥**無料 **時**10時30分〜17時（土・日曜、祝日は9時〜）**休**無休（2月に臨時休館日あり）**交**バス停箱根港から徒歩3分 **P**18台 **MAP**P141C1

📖 「県立恩賜箱根公園」の景観は、「かながわの景勝50選」に選ばれています。

自然の息吹を感じながら 思い切り体を動かそう！

箱根でアクティビティ体験はいかがでしょう。
風を感じながら、緑の中で心も体もリフレッシュできますよ。

所要時間 20分

すいりくりょうよう「にんじゃ ばす」
水陸両用「NINJA BUS」

水蜘蛛が芦ノ湖の湖面を走る！

忍者が水の上を渡る忍術「水蜘蛛」をコンセプトにした水陸両用バス。真っ黒なボディのバスは目線が高く、外観や座席にも忍者のモチーフをあしらっている。乗車15分前に受付を済ませたら、バスに乗り込んで箱根園桟橋から出発。さっそく芦ノ湖へと勢いよく入水する。ダイブする瞬間に水しぶきがかかることもあるので、準備しておこう。富士山や箱根外輪山など芦ノ湖の絶景を眺めながら、約15分間の湖上遊覧を楽しめる。
☎0460-83-1151(箱根園) 🏠箱根町元箱根139 箱根園 ¥2400円(繁忙期は2600円) 🕘9時30分～17時(40分間隔で運行) 休荒天時 🚌バス停箱根園から徒歩すぐ 🅿箱根園駐車場利用 MAP P140A3

所要時間 4～5時間

はこね まうんてん りっぱー
Hakone Mountain Ripper

マウンテンバイクで箱根の自然を体感しよう

マウンテンバイクに乗って箱根の自然を気軽に満喫してみてはいかが。豊かな自然を残す仙石原や芦ノ湖畔の四季折々の風景を、ガイドの案内付きで楽しめるツアーを開催。ここでは5種類のコースを用意しており、体力や年齢に合わせて選ぶことができる。地元ガイドだけが知っている秘密のコースをマウンテンバイクで走れば気分爽快。少しハードな上級コースや、箱根神社や九頭龍神社を巡るパワースポットコースもあるので、チャレンジしてみよう。
☎0460-84-9222 🏠箱根町元箱根164(集合場所) ¥9000～1万5500円(12歳以下6000円) 🕘8～19時 休不定休 🚌バス停白百合台から徒歩2分 🅿10台 MAP P140A1

所要時間 2時間30分

はこねあしのこせぐうぇいつあー
箱根芦ノ湖セグウェイツアー

森の中をセグウェイで走る アクティビティが誕生

ザ・プリンス 箱根芦ノ湖を出発し、自然豊かな湖畔道を通り、九頭龍神社の鎮守の森まで、セグウェイでのんびり散策する。
☎080-3434-8360 🏠箱根町元箱根144 ¥9000円 🕘9時30分～、13時30分～(1日2回) 休冬期 🚌バス停箱根園から徒歩2分、箱根コテージウエスト集合 🅿282台(ザ・プリンス 箱根芦ノ湖駐車場利用) MAP P140A3
※要普通自動車運転免許または普通自動二輪免許

所要時間 授業で異なる

はこねのもりじょしだいがく
はこねのもり女子大学

箱根の自然や文化、 歴史を教材に感性を磨く

体験学習と交流を目的とした女性のための学びコミュニティ。「授業」は「聴く」「観る」「嗅ぐ」「触れる」「味わう」の5科。「ウォーク&リラックス」「フォレストフィーリング」「サウンドフィーリング」など、森ヨガや森林セラピーを取り入れたさまざまな「授業」を用意。
☎なし(詳細・申込みはHP:http://hakojo.comを参照) 🏠箱根町仙石原817(はこねのもりコンソーシアムジャパン) 🕘¥休🚌授業により異なる MAP P138C2(事務局)

所要時間 2泊3日

はこねだんじきどうじょう
HAKONE断食道場

箱根の湯で 身体の中から美しくなる

従来の断食ではなく、日常生活を見直し、リバウンドを防ぐ指導をしている。100%かけ流し温泉、日本初の七福宝石、高濃度マイナスイオン、黄土による岩盤浴、酵素ジュースなどで自然治癒力を高め、デトックスを促してくれる。
☎0460-82-6681(箱根上の湯) 🏠箱根町大平台535-1 ¥1名3万300円(1～4名用の和室) 🕘休不定休 🚌大平台駅から徒歩5分 🅿5台 MAP P137F4

土地の魅力を満喫して
おいしい！うれしい！を見つけましょう

絶品の極上フレンチや、おいしい水で作った豆腐料理、
幾何学模様の寄木細工や、ガラスアート作品など。
箱根ならではの食べたいもの、買いたいものに出合えます。

レディな気分でわがままランチ
旅を優雅に彩る珠玉のレストラン

豪華な一軒家レストランから気軽なビストロまで、
とっておきのランチタイムが過ごせる厳選4軒をご紹介します。

▲まるで映画のワンシーンのような白亜の建物。ドラマのロケにも使われている ▼自然光に包まれて優雅な時間を

カリーナ 5940円
（サービス料10%別）

前菜、季節のパスタ、肉もしくは魚料理、
ドルチェ、カフェが楽しめる一番人気のコース。

仙石原
あるべるご ばんぶー
アルベルゴ バンブー

白亜の洋館で楽しむ
箱根の自然と旬の味わい

マホガニーの扉、6mの高い天井、大理石のシャンデリアが輝くダイニング。ゴージャスな空間で、前菜から始まる旬の素材を盛り込んだイタリアンが食べられる。ランチは3500円、5940円、9350円の3つのコース（サ別）を用意。パスタをプリフィクスで選べるのがうれしい。

☎0460-84-3311 🏠箱根町仙石原984-4 🕐11時30分～14時30分LO、17時30分～20時30分LO ※要予約 🈺火曜 🅿20台 🚌バス停仙石原小学校前から徒歩4分 MAP P139D2

「オーベルジュ」
発祥の地は
フランス！

オーベルジュとは、宿泊施設を備えたレストランのこと。レストランこだわりのおいしい食材を食べて、そのままレストランに併設している客室に宿泊できます。写真は「グリーンヒルズ草庵」。

ランチコース4180円

アミューズ、前菜、スープ、主菜、季節の香りご飯、デザート、コーヒーの全7品。前菜、スープ、主菜はプリフィクススタイルで。

仙石原
ぐりーんひるずそうあん
グリーンヒルズ草庵

時間を忘れる非日常的空間

英国風の洋館でダイニングは畳敷きという、和と洋が心地よく融合したオーベルジュ。有田焼の皿で供されるのは、軽やかに仕上げられた、箸で食べられるフレンチ。アンティーク家具に囲まれてゆるやかな時間を。

☎0460-84-7600 ⑭箱根町仙石原1181 ⑮11時30分～13時30分LO、18時～19時30分LO（要予約）⑯火曜、第2水曜 ㉓バス停仙石案内所前から車で3分 Ｐ10台 MAP P132A1

窓からは仙石原の景色を一望できる

赤い扉が非日常空間への入口に

和牛ショートリブ
ステーキランチ4000円

メインは鉄板で焼いた黒毛和牛のステーキ。季節のスープ、箱根野菜のサラダ、デザートなどが付く。

強羅
いとう だいにんぐ ばい のぶ
ITOH DINING by NOBU

高級鉄板焼きをランチで堪能

世界に誇るスーパーシェフ・松久信幸氏と、オーナーシェフの伊藤啓輔氏がコラボしたレストラン。黒毛和牛や相模湾のシーフード、箱根西麓三島野菜など、四季折々の旬の食材を鉄板焼きのコース料理で味わえる。

☎0460-83-8209 ⑭箱根町強羅1300-64 ⑮11時30分～14時LO、17～20時LO ⑯無休 ㉓公園下駅から徒歩2分 Ｐ5台 MAP P136B2

カウンター席は調理風景が目の前に

自然と調和する和風モダンな店構え

ランチコース2000円～

自家製パン、オードブル、本日のスープ、メインのランチコース。メインは、パスタか肉、または魚料理から1品が選べる。

仙石原
ねお びすとろ る うぃるぎゅる
NEO BISTRO
LE VIRGULE

気軽な"箱根フレンチ"を

「箱根オーベルジュ漣」の姉妹店。沼津からとり寄せる魚やシェフの地元、三島の野菜などの食材にこだわり、フレンチの手法で作るミートソースなど、本格的な料理を気軽に食べられるビストロとして地元でも人気。

☎0460-83-8844 ⑭箱根町仙石原242 中六ビル1階 ⑮11時30分～13時LO、17～21時 ⑯火曜、第1月曜 ㉓バス停仙石案内所前から徒歩1分 Ｐ2台 MAP P139D1

全16席という、小さな店

仙石原交差点からほど近く

📖「グリーンヒルズ草庵」では、ジンジャーエールや梅酒、キンカン酒など、自家製のドリンクも人気です。

名水と職人の技が生む
絶品そばを味わいましょう

古くから湧水に恵まれた箱根では、おいしいおそば屋さんが数多くあります。
頑固に技を守る老舗から新店までいろいろあって迷ってしまいます。

こちらも
おすすめ

自然薯のみそづけ
500円
淡白な味わいの自
然薯を赤みそで漬
けたひと皿

せいろそば
1200円

そばデータ

種類：四六そば
そば粉：北海道産

箱根湯本

はつはなそばほんてん

はつ花そば本店

**昭和9年（1934）に創業した、
自然薯そば発祥の名店**

湯本橋を渡ってすぐ左側にある、ランチタイムには行列ができる人気店。つなぎに水を使わずに山芋と卵だけで打つ伝統のそばは、のど越しも香りも特別。早川の流れを目の前にした、昭和の面影を残すレトロな雰囲気も楽しんで。

☎0460-85-8287 住箱根町湯本635 ⏰10～19時 休水曜（祝日の場合は振替え。振替え日不定）交箱根湯本駅から徒歩5分 P5台 MAP P135D4

こちらも
おすすめ

天ぷら
盛り合わせ
2300円
揚げたての季節
ごとの野菜はパリ
ッとした食感

せいろそば
1100円

そばデータ

種類：二八そば
そば粉：国産ブレンド

箱根湯本

はこねあかつきあん ゆもとほんてん

箱根暁庵 湯本本店

**自家製粉で毎朝
手打ちするそばが自慢**

そばの実を丸ごと挽き、“そばの神様”・高橋名人が監修した手打ちそばが食べられる。そばに負けない風味を出すために、枕崎産の本節、北海道産の昆布、長野産の醤油など、ツユも素材にこだわる。

☎0460-85-6763 住箱根湯本茶屋182-4 ⏰11時30分～16時(15時30分LO、土・日曜、祝日は11時～。予約不可 休水曜 交箱根湯本駅から徒歩20分 P16台 MAP P134C3

1.2階のカウンター席。眼下には
早川が流れる 2.情緒あふれる
のれんと看板が目印

1.大きくとられた窓の外には緑
を望む 2.ランチタイムには並ぶ
こともしばしば

おいしい料理は箱根に湧く名水で

元箱根にある九頭龍神社新宮の「龍神水」（MAP P141B1）、大平台の「姫の水」（MAP P137F4）など、緑に囲まれた箱根には多くの天然水が湧いています。ミネラル豊富な水を使った料理店が多いのも特徴です。

こちらもおすすめ

箱根山麓膳 3200円
揚げたての天ぷらなどが付く

冷蕎麦 2300円

そばデータ
種類：二八そば
そば粉：北海道産

小涌谷
そば きひんかん

蕎麦 貴賓館

文化財の建物でいただく石臼挽きそば

大正7年（1918）建造、藤田平太郎男爵の別邸を改装したそば処。国登録有形文化財建造物の名建築で、四季折々の景色が美しい日本庭園を眺めながら、北海道北竜町産の石臼挽きそばを堪能できる。館内にはギャラリー「芸術蔵」もある。

☎0460-82-8050 住箱根町二ノ平1297 ⏰11時〜14時30分LO 休火・水曜 交バス停小涌園から徒歩3分 P5台 MAP P136B3

1 欄間や装飾などが大正ロマンを感じさせる空間 2 箱根小涌園 ユネッサン（☞P30）敷地内

こちらもおすすめ

白えびの天ぷら 1200円
富山から直送する白エビをカラリと揚げた天ぷら

彦（げん） 1100円

そばデータ
種類：二八そば
そば粉：国産ブレンド

箱根湯本
てうちそば げん

手打ち蕎麦 彦

毎日限定15食、売り切れ御免の名物

そばの実を殻ごと挽いた粉を使い、色の濃い野趣あふれる名物そば「彦（げん）」は、1日限定15食。本節でとるキリリとしたツユは、そばの香りをダイレクトに味わえると評判だ。鴨汁蕎麦2100円も隠れた人気。

☎0460-85-3939 住箱根町湯本茶屋183 ⏰11時〜14時30分（売り切れ次第閉店）休月・火曜 交箱根湯本駅から徒歩16分 P6台 MAP P134C3

1 店内にはテーブル席と掘りごたつ席が 2 土・日曜は13時半ごろに売り切れることも

📖 「はつ花そば本店」のカウンター席は、気候のいい季節は窓を開放。早川の渓流の音とそばが合います。

ふんわり大豆の風味に誰もが夢中。幸せの豆腐＆豆乳コレクション

豆腐をひと口ほおばると、ふわっと口のなかで広がる大豆の風味。
良質な水から生まれる豆腐＆豆乳料理でほっとひと息つきましょう。

「箱根銀豆腐」（☞P61）に特注した絞り豆腐は、普通の豆腐よりも固め

古民家調の店構え（上）
大正ロマンをイメージ（下）

強羅

たむらぎんかつてい

田むら銀かつ亭

一度は食べたいオリジナル豆腐料理

行列する人たちが目指すのは、名物「豆腐かつ煮」。これは、豆腐の間に挽き肉あんを挟んで揚げ、サバ節を利かせたツユにからめて卵でとじたひと品。初代が考案し、30年近く愛されている。

☎0460-82-1440 住箱根町強羅1300-739 ⏰11時～14時30分LO、17～19時LO（火曜は昼営業のみ。季節により変動あり）休水曜 交強羅駅から徒歩3分 P14台 MAP P136C2

豆腐かつ煮定食 1628円

土鍋でアツアツの状態で提供する豆腐かつ煮は、サバ節のだしにタマネギや長ネギの甘みがきいており、ご飯がどんどん進むおいしさ。味噌汁、お新香付き

試行錯誤を重ねた自信作。さっぱりしているのに後引くおいしさです。

副店長／伊藤大さん

早雲豆腐の由来となった早雲寺

「知客茶家」の名物「早雲豆腐」が誕生したのは40年前。北条早雲の遺命により建立された早雲寺（☞P44）に伝わる「山かけ豆腐」をヒントに生み出された。県の重文にも指定されている古刹を訪れてみましょう。

箱根湯本
しかぢゃや

知客茶家

豆腐料理を点心風に

早雲寺の先代住職にヒントをもらったという看板メニュー・早雲豆腐のほか、ゴマと味噌が香るわさび味噌奴、バターが香る豆腐ステーキなど3種類の豆腐料理が自慢。やさしくて滋味深い豆腐の味わいを楽しんで。

☎0460-85-5751 🏠箱根町湯本640 🕐11時～14時15分最終入店、16時30分～18時45分最終入店 🛑水・木曜（祝日の場合は営業）🅿4台 🚶箱根湯本駅から徒歩5分 MAP P135D4

豆腐は、天然のにがりと湯坂山の湧水を使って作る「豆腐処萩野」のもの

豆腐点心 1930円

お客様には1品ずつ提供しています。昭和を感じる店内でゆっくり召し上がってください。

女将／木邊緑さん
店内の時計は昭和13年から年を刻む

箱根グルメ ● 幸せの豆腐&豆乳コレクション

大平台の「姫の水」で作った汲み湯葉がお店の自慢です。

湯葉とご飯は別々に供される。アツアツのうちに食べたい

湯葉丼 1100円

料理長／井口健治さん
大きくとられた窓からは早川を望める

箱根湯本
ゆばどんのみせ　なおきち

湯葉丼の店 直吉

とろける汲み湯葉の味

カツオだしをきかせたスープで温めた湯葉を、卵でふんわりととじ、ご飯にかけて食べる「湯葉丼」が人気。湯葉ぜんざい780円や豆乳まめ寒天600円などのデザートもおすすめ。

☎0460-85-5148 🏠箱根町湯本696 🕐11～18時LO 🛑火曜 🅿なし 🚶箱根湯本駅から徒歩3分 MAP P135E4

もっと気軽にテイクアウト

一口がんも 450円
つなぎに大和芋を使いふっくらさせたひと口サイズのがんもどき。コロンとした形がキュート

豆乳杏仁豆腐 380円
口にした瞬間に杏仁の香りがふんわり香る、デザート感覚で食べられるオリジナルの豆腐

さしみ生ゆば 560円
一番搾りの豆乳を汲み上げた、濃厚な味わいの生ゆば。わさび醤油でさっぱり食べる

箱根湯本
とうふどころはぎの

豆腐処萩野

江戸時代創業の老舗店

☎0460-85-5271 🏠箱根町湯本607 🕐8～18時（売り切れ次第閉店）🛑水曜（祝日の場合は翌日）🅿なし 🚶箱根湯本駅から徒歩6分 MAP P135D4

📖「湯葉丼の店 直吉」は、かつて旅館を営んでいたときの建物をそのまま利用。店内から早川を眺められます。

97

行列の決め手は食材にあり。
人気を集めている箱根の味

店主のアイデアとこだわりから生まれた味が評判をよび、
リピーターも多いという、行列必至の名物料理を集めました。

自然薯ざんまい御膳
3960円
自然薯料理を中心とした15品から3品を選ぶ。自然薯とろろご飯セット付き

名物食材はコレ！

自然薯
箱根の良質な水を生かし、「小田原箱根ファーム」で栽培。滋養強壮に優れる

◀メニューと注文はタッチパネル式 ▼2022年8月、宮城野にオープン

強羅
じねんじょのうかれすとらん
やまぐすり みやぎのほんてん
自然薯農家レストラン
山薬 宮城野本店

自然薯料理を極めた専門店

直営の農場で栽培した自然薯を提供する「箱根自然薯の森 山薬」（☞P61）の姉妹店。刺身、磯辺揚げ、ステーキ、せいろ蒸しなど、和食の五法を用いたさまざまな自然薯料理を味わえる。本格薬膳とろろ粥セット2750円は土・日曜、祝日の朝限定メニュー。店内は配膳レーンやセルフレジを導入。

☎0460-82-1066 住箱根町宮城野829 営8～19時LO(土・日曜、祝日は7時～) 休不定休 交バス停明神平から徒歩1分 P24台 MAP P136B1

地場ブランドの おいしい野菜 「箱根西麓三島野菜」

箱根山の西側に広がる静岡県三島市から函南町周辺で育てた野菜を「箱根西麓三島野菜」といいます。この地域の土壌が、おいしい野菜を育んでいるのです。野菜本来の味を堪能しましょう。

宮ノ下
もりめし
森メシ

地アジが主役の名物丼

宮ノ下駅のすぐ近くにある古民家を改装した食堂。ここでは、地元食材を使った料理を地酒と一緒に楽しめる。看板メニューは、アジと地魚を使ったあじ彩丼。店の前のあじさい坂とアジが名前の由来だ。さがみあや瀬豚の角煮丼1700円も人気。

☎0460-83-8886 🏠箱根町宮ノ下
🕐11時30分〜15時、17時〜21時30分
休不定休 交宮ノ下駅から徒歩すぐ P なし
MAP P137F2

山小屋風の店内。大きな窓からは、大文字焼で有名な明星ヶ岳を眺められる

あじ彩丼 1600円
アジなどの地魚と大根、キュウリを角切りにし、柴漬、梅干しと一緒に太白ゴマ油で和える

名物食材はコレ！
アジ
小田原の魚市場で仕入れるアジは、脂がのっていて旨みをたっぷり含んでいる

足柄牛のステーキ丼 2200円(ロース)
ニンニク醤油やハチミツ、きび砂糖などの特製タレが牛肉にからんで美味

名物食材はコレ！
足柄牛
豊かな自然のなかで足柄茶の粉末を与えられて育ったやわらかな肉質の牛肉

宮ノ下
いろりや
いろり家

静かな住宅街に立つ隠れ家

「高級食材をリーズナブルに」をモットーにランチメニューを考案。贅沢にも足利牛のステーキをご飯にのせた、極上の丼が食べられる。バターを使わずにあっさりとレアに焼き上げた、おいしい足柄牛を堪能して。鮑丼2200円も人気。

☎0460-82-3831 🏠箱根町宮ノ下296
🕐11時30分〜13時30分LO、18〜21時LO 休木曜 交宮ノ下駅から徒歩13分
P3台 MAP P137E1

くつろぎを感じる和の店内。テーブル席のほか、小上がり席が2つある

仙石原
ごはんといたまえりょうり ぎんのほ
ごはんと板前料理 銀の穂

こだわり食材で作る釜飯を

箱根山麓豚や地元の野菜、御殿場の銘柄米など素材にこだわる和食店。7種類の釜飯と6種類のわっぱ飯が揃う。なかでも人気なのが、「箱根山麓豚の角煮釜めし」。厚切りの角煮を豪快にのせた一品。

☎0460-84-4158 🏠箱根町仙石原817 🕐11時〜14時30分LO(土・日曜、祝日は〜15時LO)、17時〜20時30分LO 休水曜(火曜不定休) 交バス停仙石高原から徒歩3分 P20台 MAP P138B4

1階はシックなテーブル席。2階の座敷席からはスキ草原を眺められる

箱根山麓豚の角煮釜めし 1870円
角煮のほか、錦糸タマゴ、ゴボウ、ニンジンがのる。すまし汁とお新香付きで食べよう

名物食材はコレ！
箱根山麓豚
キメが細かく、豚本来の濃厚な味わいがある。臭みがなく、肉質が軟らかいのが特徴

📖「ごはんと板前料理 銀の穂」の敷地内にはテラス席も。気候のよい時期にはこちらで食事することも可能です（昼のみ）。ペット同伴可。

箱根の名物カフェで極めつけの甘味に出合えます

旅先でもやっぱり楽しい！ 甘くてうれしいおやつの時間。
散策の疲れも癒やしてくれる、名物スイーツを要チェック！

宮ノ下小町　850円

濃厚なジェラートとあずき、白玉だんご、フルーツをかわいく盛り付けたパフェ

宮ノ下

かふぇ ど もとなみ

Café de motonami

あずき×コーヒーの新たな出合い

富士屋ホテルのエキゾチックな雰囲気に惹かれてこの地にカフェを構えたという主人がこだわっているのは、イタリアンローストのコーヒーと餡を使った自家製デザート。北海道産の大納言や伊豆産の寒天を使うなど素材も厳選する。豆乳とミルクをかけて食べるソフトクリームあんみつ「デジャヴの風」800円など、遊び心満載のキュートなネーミングも楽しい。

☎0460-87-0222 住箱根町宮ノ下366 🕒10時～17時30分LO（土・日曜、祝日は9時～）休木曜 交宮ノ下駅から徒歩5分 Pなし MAP P137E1

アンティーク調の店内

こちらも人気

甘えんぼう
770円
寒天、黒蜜、抹茶アイスとあずきがのった、モトナミ流クリームあんみつ

仙石原

かんみどころ よもぎや

甘味処 よもぎ屋

よもぎの風味が香るスイーツを

よもぎソフトクリーム720円や、高原特濃よもぎオーレ740円など、よもぎを使ったスイーツがメニューにズラリ。旅の途中に丹波黒豆茶と一緒にひと息いれて。

☎0460-84-3955 住箱根町仙石原817 🕒9～17時 休水曜（木曜不定休）交バス停仙石高原から徒歩5分 P30台 MAP P138B4

ほっとする気分を誘う店内

よもぎ白玉クリームあんみつ
860円

粒が大きいあずきを使って甘さを控えめにした餡と、よもぎの風味が好相性

こちらも人気

あんこだんご2本
290円
軽く焼いて、あんこをのせて食べる

茶屋本陣「畔屋」で
箱根らしい
おみやげを

Cafe KOMON「湖紋」のある「茶屋本陣 畔屋」1階は、直営のおみやげ処。ここで購入できる箱根けやきの葉っぱビスケ8枚入り430円は、「畔屋」限定の商品。
☎0460-83-6711  MAP P141B4

箱根湯本
さぼううちだ
茶房うちだ

20年以上愛され続ける名物シフォン

ジャズやボサノバをBGMに手作りスイーツが食べられる。シフォンケーキは抹茶のほか、オレンジやバナナなどから毎日2種類を日替わりで楽しむことができる。

☎0460-85-5785 住箱根町湯本640 ⏰10〜18時 休水曜（祝日の場合は翌日）交箱根湯本駅から徒歩6分 Ｐ2台 MAP P135D4

開店して20余年のカフェ

抹茶シフォンケーキ　980円
たっぷりの生クリームは甘さ控えめ。あずきと合わせてコーヒーや紅茶、抹茶とともに

こちらも人気

白玉クリームあんみつ　980円
伊豆産の天草から作る寒天がほんのり磯の香りを残す。ボリュームのあるひと品

ミルフィーユ　418円
「食べやすいように」と、パイ生地を縦に並べてクリームとイチゴを見せている

こちらも人気

温泉卵プリン　1個385円
まるで温泉玉子のようにとろける食感が特徴。バニラビーンズがほんのりと香る

仙石原
らっきいず かふぇ
Lucky's Cafe

金時山のふもとに立つ洋菓子店

箱根で生まれ育った女性パティシエの手による生ケーキは常時約13種類。焼き菓子も揃い、金時山へのハイキングに向かう人たちにも人気。

☎0460-84-4480 住箱根町仙石原372-1 ⏰10〜18時 休火曜、水曜不定休 交バス停太郎平から徒歩すぐ Ｐ6台 MAP P132B1

金時神社まで歩いて10分

箱根町
かふぇ こもん
Cafe KOMON「湖紋」

芦ノ湖と富士山が望めるカフェ

芦ノ湖と富士山を眺めながら、和風テイストのスイーツが味わえる。七福だんごは、七輪を使い自分で焼くのが楽しいユニークなメニュー。

☎0460-83-6711 住箱根町箱根161-1 ⏰10時〜15時30分LO 休不定休 交バス停箱根港から徒歩すぐ Ｐ8台 MAP P141B4

七福だんご　1650円
抹茶・桜・よもぎなど7種の団子に、みたらし・あんこ・おろし醤油をお好みでつけて

こちらも人気

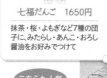

畔屋特製パンケーキ　1320円
鉄鍋で焼き上げた熱いパンケーキにアイスをのせて

 「Café de motonami」の建物は、もともと富士屋ホテルのバス停留所。2階席は富士屋ホテルの玄関口を眺められる特等席です。

箱根の名水や素材にこだわる人気ベーカリーの名物パン

老舗から新店まで、名店揃いの箱根のベーカリー。
朝食、おやつ、おみやげに、各店自慢の焼きたてパンはいかが。

温泉アザラシパン
1個160円
水族館の人気者、温泉アザラシをイメージしたパン。中にはカスタードクリームが

箱ね 240円
レンコンなど、地元産の根菜類とベーコンがベストマッチのデニッシュ

メロンクリームパン
210円
箱根プリンスパン工房の人気商品。中にはメロンクリームがたっぷり

クリームパン
290円
とろけるようなカスタードにバニラビーンズがたっぷり入った一品

ビーフカレーパン
240円
辛さ控えめにしており、子どもも大人も安心して食べられる人気の一品

米粉のカレードーナツ
380円
ピリ辛カレーの中にゆで卵が丸ごと1個。生地はカリカリで混雑時には整理券を配布することも。前日までの予約がおすすめ

`芦ノ湖`
はこねぷりんすぱんこうぼう
箱根プリンスパン工房

イートインスペースで人気のパンを楽しむ

箱根園（☞P88）にあり、パン工房特製のパンが40種類以上並ぶ。おにぎりパンやメロンクリームパンなど個性的なパンが揃い、イートインスペースもある。

☎ 0460-83-1151(箱根園) 🏠箱根町元箱根139 🕐11〜17時 休無休 🚌バス停箱根園から徒歩すぐ Ｐ312台(有料) MAP P140A3

箱根園にある明るい雰囲気のパン工房

`元箱根`
べーかりーあんどてーぶる はこね
Bakery&Table 箱根

40種以上が揃う湖畔のベーカリー

新潟県の老舗高原リゾート「赤倉観光ホテル」の伝統を受け継ぐ店。約16種類の小麦粉を使い分けて焼くパンは個性豊かで、客足が絶えないのも納得の味。

☎ 0460-85-1530 🏠箱根町元箱根9-1 🕐10〜17時 休不定休 🚌バス停箱根港から徒歩すぐ Ｐなし MAP P141C2

店内でパン作りの工程が見られる

箱根湯本駅そばの ホテル直営 ベーカリー

「ピコット 湯本駅前店」では、「湯本富士屋ホテル」(☞P22) 直送のパンやスイーツを販売。駅チカの便利な立地です。☎0460-85-6111 ⏰10時～16時30分(12～2月は～16時) 休無休 MAP P135F3

温泉シチューパン
702円
自家製ビーフシチューが入ったフランスパン。持ち帰りは30分以内

クラシック カレーパン
350円
富士屋ホテルのレストランのカレーに近づけたカレーパン。観光中のおやつにもおすすめ

梅干あんぱん
324円
小田原の梅を丸ごと使用。こし餡の甘みと梅の酸味が絶妙

ミニレーズンパン
400円
牛乳を練り込んだ甘みのある生地にレーズンの酸味が利いた一品

カステラぱん
302円
自家製カステラを包んだ菓子パン。イチゴジャムがアクセント

クロワッサン
200円
濃厚なバターの香りがたまらない。ふんわりとした食感

宮ノ下
わたなべべーかりー
渡邊ベーカリー

地元素材を使った個性的なパン

創業120余年の老舗。地元の素材を使ったユニークなパンがズラリ。名物の温泉シチューパンは喫茶スペースでも食べられ、飲み物とセットで1100円。

☎ 0460-82-2127 住箱根町宮ノ下343 ⏰9時30分～17時 休水曜、第1・3・5火曜 交宮ノ下駅から徒歩8分 P3台 MAP P137E1

緑のひさしがかわいい店構え

宮ノ下
べーかりーあんどすいーつ ぴこっと
ベーカリー&スイーツ ピコット

富士屋ホテルの味を提供

「富士屋ホテル」(☞P116) の直営店。約25種類の焼きたてのオリジナルブレッドのほか、オリジナルレトルト商品やスイーツもテイクアウトできる。

☎ 0460-82-5541 住箱根町宮ノ下359 ⏰9～17時(イートインは16時LO) 休無休 交バス停ホテル前から徒歩2分 P7台 MAP P137E1

宮ノ下セピア通りに面している

「ベーカリー&スイーツ ピコット」にもイートインスペースがあり、購入したパンをコーヒー500円などと一緒に味わえます。

思わず買いたくなる
箱根のイチオシおみやげです

箱根ならではの名品をジャンル別に紹介します。
旅の思い出と一緒に、ご当地みやげを持ち帰りましょう。

スイーツ

創業70余年の老舗の銘菓

宮ノ下生まれの名物煎餅

鉱泉煎餅
14枚入り1300円
職人が1枚ずつ手で焼く香ばしい煎餅。レトロな缶やラベルが乙女ゴコロをくすぐる B

湯もち 270円
国産白玉粉を使ったやわらかい餅の中に、細かく刻んだ本練羊羹を練り込んだ銘菓。ほんのりユズが香る A

ひと口サイズの鈴型の最中

月とうさぎをイメージ

八里 1房290円
民謡『箱根馬子唄』の馬子衆の鈴をかたどったこし餡の最中。1房に鈴が3個付いている A

仙石原の名物はコレ

月のうさぎ
1個260円
満月を思わせる大きな栗を丸ごとひと粒、餡と麦こがしで包んだ栗まんじゅう。どこか懐かしい味 D

仙石ラスク 120g570円
ひと口サイズの香ばしいラスク。プレーンやメイプルナッツ、ショコラベイクなど4種類揃う C

GRANDE RIVIERE 箱根
仙石ラスク

A **箱根湯本**
ちもと えきまえどおりてん
ちもと 駅前通り店
創業以来、変わらぬ和菓子作りの製法を守り続ける。添加物を極力使わず、職人がひとつひとつ丹精込めて作る。併設の喫茶（☞P38）では和菓子と一緒にお茶を楽しもう。定番の湯もちは予約がおすすめ。
☎0460-85-5632 住箱根町湯本690 営9〜17時 休元日、年数回不定休 交箱根湯本駅から徒歩5分 P1台 MAP P135E4

B **宮ノ下**
かわべこうえいどう
川邊光栄堂
明治12年（1879）創業で、地元の湧水を生地に練り込んだ鉱泉煎餅を販売。昔ながらの素朴な味わいと、ウエハースのようなサクサクの食感がクセになる。サイズは2種類。19枚入りは1620円。
☎0460-82-2015 住箱根町宮ノ下184 営9時30分〜16時 休月・水曜 交宮ノ下駅から徒歩6分 Pなし MAP P137E1

C **仙石原**
ぐらんりゔぃえーるはこね
グランリヴィエール箱根
箱根で人気のラスク専門店。ラスクパンをスライスした箱根ラスクとひと口サイズの仙石ラスクがあり、食感の違いを楽しめる。2階にはカフェもある。
☎0120-396-852 住箱根町仙石原1246-737 営10〜18時（季節により変動あり）休無休 交バス停仙石高原から徒歩すぐ P15台 MAP P138B4

D **箱根湯本**
まんじゅうや なのはな
まんじゅう屋 菜の花
波照間産黒糖や十勝産減農薬栽培の小豆など、自然素材を使った和菓子を販売する。ひと口サイズのまんじゅう、箱根のお月さま1個120円も人気。
☎0460-85-7737 住箱根町湯本705 営8時30分〜17時30分（土・日曜、祝日は〜18時）休不定休 交箱根湯本駅から徒歩2分 Pなし MAP P135E3

箱根の市は おみやげ探しの 駆け込み寺

おみやげ買い忘れのピンチを救ってくれるのが箱根湯本駅改札外にある「箱根の市」（☞P37）。箱根の名産品やホテルメイドの逸品がズラリと並び、20時まで営業しています。
☎0460-85-7428 MAP P135E3

お惣菜

料理人もうなる 生湯葉

グルメ御用達の 名店の味

箱根山ローストビーフ
100g850円
厳選した上質の和牛を独自の製法で焼き上げた逸品。とろけるようなやわらかさが特徴 G

汲み湯葉5個入り
1188円
良質の大豆で作ったできたての生湯葉は絶品。すぐに売り切れてしまうので予約しよう E

煮物や汁物に 食感をプラス

生麸 1本442円〜
最上級のもち粉を使ったなめらかな食感が魅力。モミジやサクラなど風味や彩りのバリエーションも豊富 E

豆腐店自慢の フレッシュな豆乳

箱根白雪 500ml270円
国産大豆と箱根の名水にこだわる豆腐専門店の豆乳。大豆の風味をストレートに味わえる F

温泉グッズ

温泉の成分で 女子力UP!

黒タマゴ肌マスク
1290円
美肌効果があるとされる大涌谷の源泉と卵殻膜エキスを配合したフェイスマスク H

毛穴の奥の 汚れもスッキリ

黒たまご石けん 570円
潤い成分が含まれた大涌谷温泉や富士山の天然水、卵黄・卵殻膜を配合したオリジナルの洗顔石鹸 H

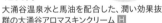

大涌谷限定 商品をGET!

桜スキンクリーム
1290円
大涌谷温泉水と馬油を配合した、潤い効果抜群の大涌谷アロマスキンクリーム H

E 大平台
はこねかくやま
箱根角山

小田原城の姫が化粧に使ったという箱根の名水・大平台の姫の水で作る湯葉と生麸の専門店。毎朝仕込む作りたての生湯葉は、料理のプロも太鼓判を押すほど。ヘルシー食材なので女性におすすめ。
☎0460-82-2604 箱根町大平台431 8時30分〜17時 休日・水曜 交大平台駅から徒歩5分 P2台 MAP P137F4

F 大平台
つじくにとうふてん
辻国豆ふ店

創業約60年。特製絹ごし豆腐「箱根白雪」216円や木綿豆腐248円のほか、こだわりの素材で作る豆乳が名物。テイクアウトや店頭で、豆乳の旨みたっぷりのできたて豆乳が1杯200ml100円で味わえる。
☎0460-82-2156 箱根町大平台442-2 8時30分〜16時30分 休水曜 交大平台駅から徒歩6分 Pなし MAP P137F4

G 仙石原
あいはらせいにくてん
相原精肉店

地元の人や著名人も通う店。ローストビーフをはじめ、焼豚やハム、ソーセージなど、上質な和牛や黒豚、地鶏を使った手作りの加工品が揃う。夕食のおかずや酒の肴にもぴったり。
☎0460-84-8429 箱根町仙石原226 乙女屋ショッピングマート内 9時〜17時 休火曜（不定休あり）交バス停仙石案内所前から徒歩すぐ P4台 MAP P139D1

H 大涌谷
おおわくだにくろたまごかん
大涌谷くろたまご館

箱根の名産品や大涌谷名物の黒たまごグッズなど、品揃えが豊富。イチオシは、大涌谷温泉の天然成分を配合したスキンケアグッズ。温泉パワーですべすべ肌を目指そう。
☎0460-84-9605 箱根町仙石原1251 9〜16時（季節により変動あり）休無休 交大涌谷駅から徒歩すぐ P150台（1日520円）MAP P140B1

「雲助」とは、江戸時代に峠を越える旅人などを運んだカゴ屋のこと。団子を食べて体力を回復していたそうです。

伝統工芸も押さえておきたい
とっておきの寄木細工を紹介します

およそ200年前に箱根町の畑宿で生まれた寄木細工。
日本の伝統文様を生みだす匠の技にふれてみましょう。

実用性を兼ね
備えたシックな
作品が並ぶ

1997年から
箱根駅伝の往路優
勝トロフィーを制作

かなざしうっどくらふと
金指ウッドクラフト

洗練されたデザインが光る

伝統の技に独自の手法やデザインを取り入れ、ムクの寄木細工を制作する金指勝悦氏の店。手作業のため、ひとつの作品を仕上げるのに1カ月以上かかる。

☎0460-85-8477 🏠箱根町畑宿180-1 🕙10時30分〜15時30分（体験は11時〜、12時30分〜、14時〜）🏖月・水曜（祝日の場合は営業）🚌バス停畑宿から徒歩すぐ Ｐ5台 MAP P133F4

楊枝入れ
4510円
テーブルのオブジェにもなる愛らしいフォルム。印鑑入れにも活用できそう

小物入れ
1万3200円（中平）、6490円（ミニ）
思わず撫でたくなるリンゴ型のキュートな器。インテリアとして飾っても

所要時間
1時間
20分

寄木細工の
コースター作りに
チャレンジ！

●定員：1〜50名
●料金：1100円

1 部品をチェック
基本の材料は、ひし形28個（4色あり）、三角形12個（1色のみ）の計40ピース。木の色はすべて天然で、好きな色を選ぶ。

2 自分流にデザイン
ひし形と三角形の組み合わせだと通常1辺が5cmほどの六角形のコースターができる。頭を柔軟にして形や模様を考えよう。

3 コースターの完成！
形が決まったら、ボンドで木と木を貼り合わせよう。2時間ほどでボンドが乾くので、自宅に持ち帰ってヤスリで磨いてニスを塗れば完成。

リモコンラック
8500円
回転式のリモコンラック。中央はペン立てになっていて使い勝手がいい

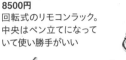

寄木細工職人の実演を見学できます

「浜松屋」では、伝統工芸士の石川一郎氏による寄木細工作りと、木をはめ込んで表現する木象嵌の実演を随時無料で開催しています。間近で制作過程を見学して、解説を聞きながら、伝統の技を学びましょう。

イヤリング
各2000円
ポピュラーな八角麻の葉の形など、色や形のバリエーションが豊富に揃う

1階で商品を販売、2階で実演（上のコラム参照）も

はままつや
浜松屋
創業200年以上の老舗

江戸時代後期に誕生したといわれる寄木細工の創始者、石川仁兵衛氏の技を代々受け継ぐ店。幾何学模様の寄木細工と絵画模様の木象嵌の技術を生かした独自の作品に定評がある。

☎0460-85-7044 🏠箱根町畑宿227 🕘9時30分〜17時 休無休 🚌バス停本陣跡から徒歩すぐ P10台 MAP P133F4

はこねまるやまぶっさん ほんてん
箱根丸山物産 本店
体験もできる寄木細工専門店

定番の秘密箱をはじめ、文房具やアクセサリーなど、日常使いできる寄木細工をバラエティ豊富に取り扱う。体験教室も毎日実施しており、コースター1100円〜、秘密箱2680円〜。

☎0460-83-6604 🏠箱根町箱根17 🕘9〜17時 休無休 🚌バス停箱根関所跡から徒歩1分 P5台 MAP P141B3

寄木細工スマホスタンド
2860円
使わないときも寄木の美しい模様を楽しめる逸品

箱根関所（☞P84）へと続く関所通り沿いに立つ店

寄木マグネット（丸）
各650円
ひとつひとつ柄の異なるマグネット。大きさは36×15mm

フレーム
（小）3500円
市松模様が人気のフォトフレーム。天然木の鮮やかな色が目を引く。白×えんじのタイプもある

無垢 ぐいのみ
4800円
なめらかな飲み口のぐいのみに職人技が光る。熱い飲み物は傷んでしまうので注意

贈答品にもおすすめなので相談してみて

ききょうや
ききょう屋
伝統の技を現代風に

自社工房で制作した寄木細工を中心に、高級感あふれるムク製品から、コースター750円〜など、普段使いのものまで幅広い品揃え。現代風にアレンジしたおしゃれなアイテムが豊富。

☎0460-85-7902 🏠箱根町畑宿104 🕘10〜16時（季節により変動あり）休不定休 🚌バス停畑宿から徒歩すぐ P10台 MAP P133F4

📖 寄木細工の加工法には2種類あり、種寄木を薄く削ったものを「ズク」、種木をろくろで加工したものを「ムク」といいます。

箱根みやげ ● とっておきの寄木細工

107

「箱根 ゆとわ」（☞P115）のライブラリーラウンジ。四季をテーマに約700冊を所蔵

空や木々を漆黒の水盤に映し出す「箱根・強羅 佳ら久」（☞P113）の「水のテラス」

「箱根小涌園 三河屋旅館」（☞P111）の本館は、国の登録有形文化財建造物

「匠の宿 佳松」（☞P117）の夕食に供される本格京風懐石

「界 仙石原」（☞P113）の夕食の季節の会席料理は、遊び心ある演出が人気

「箱根・芦ノ湖 はなをり」の開放感たっぷりの四季の露天風呂 棚湯（☞P114）

「箱根本箱」（☞P110）の客室露天風呂。テラスにハンモックを備えた客室もある

「箱根 円かの杜」（☞P111）の大浴場の露天風呂。敷地内に沸く源泉を湯守りが管理

「箱根仙石原プリンスホテル」(☞P117)の
客室からは箱根外輪山の景観が楽しめる

癒やしとくつろぎの空間へ
私にぴったりの宿探し

立ち寄り湯もいいけれど、
やっぱり宿泊して存分に温泉を楽しみたい!
そんな人におすすめの宿を集めました。
どこに泊まろうか迷ってしまいます。

「界 箱根」(☞P110)の壁一面が抜けた半
露天の大浴場

静かに流れる箱根時間
大人のための隠れ家ステイ

箱根外輪山を一望するリゾートホテルから、風情ある老舗宿まで……。
五感を使って楽しむ、大人のための温泉宿をご紹介します。

強羅
はこねほんばこ
箱根本箱

**本棚に囲まれて過ごす
読書三昧の休日を満喫**

時間を忘れて読書に没頭したい、そんな願いを叶えてくれるブックホテル。衣・食・住・遊・休・知の6ジャンルにわたり、所蔵は約1万2000冊におよぶ。館内のいたるところに本棚があり、写真集や絵本など手にとりやすい本も豊富だ。露天風呂付きの客室には著名人が選書した「あの人の本箱」も備えている。

☎0460-83-8025 住箱根町強羅1320-491 交中強羅駅から徒歩5分 P12台 送迎なし 全18室(洋18) 2018年8月開業 ●泉質:硫黄泉・ナトリウム-塩化物泉 ●内湯2露天2 MAP P136A2

くつろぎPOINT
両壁の一面に本棚が並ぶラウンジは、開放的な吹き抜け空間。真正面に箱根外輪山を望む

┈┈ 1泊2食付料金 ┈┈
✤ 全 日 2万1786円〜
🕐 IN 15:00 OUT 11:00

立ち寄り湯 なし

大浴場の露天風呂は、大涌谷から引く硫黄泉(左)、テラスにハンモックを備えた客室(中)、夕食は自然派イタリアン(右)

箱根湯本
かい はこね
界 箱根

**絶景の半露天風呂が自慢
全室リバービューの温泉旅館**

湯坂山と須雲川の懐に抱かれた心落ち着く宿。古代檜の半露天風呂に浸かりながら眺める景色は美しく、自然に溶け込むような心地が味わえる。館内のギャラリーや客室に寄木細工が配されており、箱根らしさを体感できる。

☎050-3134-8092(界予約センター 9〜18時) 住箱根町湯本茶屋230 交箱根湯本駅から車で7分 P15台 送迎なし 全32室(和24・和洋6・洋2) 2012年12月改装 ●泉質:ナトリウム-塩化物泉 ●半露天2 MAP 134A3

┈┈ 1泊2食付料金 ┈┈
✤ 平 日 3万8000円〜
✤ 休前日 4万8000円〜
🕐 IN 15:00 OUT 12:00

立ち寄り湯 なし

壁一面を大きく開放した半露天風呂の大浴場は森の中の舞台のよう。朝早い時間の湯浴みもおすすめ(左上)。開業以来好評を得ている「明治の牛鍋」は特別会席で味わえる(左下)

くつろぎPOINT
目前に箱根の自然が広がり、寄木細工の魅力をたっぷり感じられる「清流リビング付き和洋室」

源泉かけ流し 部屋食 エステあり 禁煙ルームあり ゆ大浴場あり ひとり宿泊OK 食事付入浴プランあり

仙石原

はこねりとりーと う゛いら わんばいえふ

箱根リトリート villa 1/f

自然を五感に感じる森の中に
温泉付きのヴィラが点在

保護林に囲まれた5.5万㎡の敷地に、11棟のヴィラが立つ。全客室天然温泉付きで、食事は部屋食（追加料金1人3630円）または料亭から選べる。隣接する「före」の大浴場も利用可能。

☎0460-83-9090 〒箱根町仙石原1286-116 ⊠バス停俵石・箱根ガラスの森前から徒歩5分 ℗45台 ⊟送迎なし ●全11室（洋11）●2019年3月改装 ●泉質：ナトリウム-塩化物温泉、アルカリ性 低張性 高温泉 ●内湯1 露天5 半露天5（いずれも客室内）MAP P139E2

10号棟「天空露天温泉スイート」はテラスにある露天風呂のほか、檜の内風呂2つも備える

各棟の間隔にもゆとりがあり、プライベートを保てる

…… 1泊2食付料金 ……
╋ 平　日　5万1150円～
╋ 休前日　5万6150円～
🕐 IN 15:00 OUT 11:00

立ち寄り湯　なし

強羅

はこね まどかのもり

箱根 円かの杜

木の温もりに包まれた空間と
自家源泉の湯に癒やされる

円のモチーフを各所に取り入れた館内は、全館畳敷き。客室には貴重な古木を使った飛騨の家具をしつらえている。全室露天風呂付きで、大浴場とは異なる泉質の湯を楽しめるのも魅力。

☎0460-82-4100 〒箱根町強羅1320-862 ⊠上強羅駅から徒歩5分 ℗12台 ⊟送迎あり（要連絡）●全20室（和洋20）●2014年12月開業 ●泉質：ナトリウム-塩化物・硫酸塩・炭酸水素塩温泉、弱アルカリ性 低張性 高温泉 ●内湯2 露天2 MAP P136A2

スタンダードルーム「藍」。山側の眺望が開けており、明神ヶ岳や明星ヶ岳を望める

飛騨牛をメインとした月替わりの京懐石は13品ほど

…… 1泊2食付料金 ……
╋ 平　日　4万5150円～
╋ 休前日　5万150円～
🕐 IN 15:00 OUT 11:00

立ち寄り湯　なし

小涌谷

はこねこわきえん みかわやりょかん

箱根小涌園 三河屋旅館

四季折々の庭園が美しい
小涌谷温泉発祥の宿

明治16年（1883）から続く、文人墨客にも愛された老舗。客室は国の登録有形文化財造物の本館ほか、別館と離れがある。創業者が開いた庭園「蓬莱園」（☞P118）を散策するのもいい。

☎0465-43-8541（予約センター）〒箱根町小涌谷503 ⊠バス停蓬莱園から徒歩すぐ ℗15台 ⊟送迎あり（バス）●全25室（和22・和洋3）●2020年10月改装 ●泉質：単純温泉、低張性 弱アルカリ性 高温泉 ●内湯2 露天2 貸切1 MAP P136B4

大正ガラス越しに箱根連山を眺められるラウンジは、「三河屋cafe」としても営業

夕食は季節替わりの日本料理。「三河屋鍋」が名物

…… 1泊2食付料金 ……
╋ 平　日　2万3250円～
╋ 休前日　2万8750円～
🕐 IN 15:00 OUT 10:00

立ち寄り湯　なし

温め効果　角質落とし　潤いを与える　血流UP　美白効果　肌の引き締め　肌すべすべ

お風呂をひとり占め!
部屋付き露天風呂のある宿

露天風呂を備えた客室なら、好きなときに好きなだけ湯浴み三昧。
箱根の自然を肌で感じながら贅沢な滞在ができるのが魅力です。

小涌谷 (一部)

はこねこわきえん てんゆう

箱根小涌園 天悠

空に浮いているような
絶景が望める露天風呂

山と渓谷に囲まれた客室は、全
室温泉露天風呂付きで、美しい
景色を眺めながら湯浴みを楽
しめる。男女入替え制の大浴場
も自慢で、6階にある「浮雲の湯」
はまるで空に浮いているような
開放感を味わうことができる。
夕食はダイニングで、料理長こ
だわりの料理を目と舌で堪能し
よう。さらにリラックスするなら、
「庵スパ箱根」でトリートメント
を受けて。

亀甲文様のLEDライ
トが美しいロビー

☎0460-82-5111 住箱根町二ノ平
1297 交強羅駅から送迎車で10分
P75台 送迎あり 全150室(和2・
洋2・和洋146) 2017年4月開業
泉質:ナトリウム-塩化物泉 内湯2 露
天2 MAP P136B4

······ 1泊2食付料金 ······
÷平　日　4万700円～
÷休前日　4万8400円～
IN 15:00 OUT 11:00
立ち寄り湯　なし

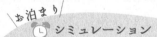

お泊まり
シミュレーション

ライブラリーラウンジも備
えるロビーでチェックイン

窓の外に箱根外輪山の絶
景が広がる客室でひと息

大浴場「車沢の湯」または
「浮雲の湯」でゆったり

夕食はダイニングで旬を
感じる料理を堪能

庭園に面したバーラウンジ
でカクテルを味わう

強羅

はこね・ごうら からく
箱根・強羅 佳ら久

全客室は露天風呂付き
山海の絶景を望む和のリゾート

「メインダイニング 六つ喜」の会席コース(イメージ)

東西2つの棟からなる宿で、客室は約56㎡のゆったりした造り。各室のバルコニーに設けた露天風呂はもちろん、眺望抜群の大浴場や貸切風呂(1時間5000円)で湯巡りができる。水と森をテーマにした2つのテラスなど施設も充実。

☎0460-83-8860 🏠箱根町強羅1300-8 🚃強羅駅から徒歩3分 🅿58台 🚌送迎あり ●全70室(和室70) ●2020年10月開業 ●泉質：ナトリウム-塩化物泉 ●内湯2 露天2 貸切3 🗺P136C2

・・・・・1泊2食付料金・・・・・
✛ 平日 6万1750円〜　✛ 休前日 10万5750円〜
🕐 IN 15:00 OUT 11:00

立ち寄り湯　なし

> **この客室にステイ**
> **佳ら久ルーム**
> 1泊2名利用1名
> **7万2750円〜**
> 東棟最上階の特別室。露天風呂は随一の眺望で、天気がよければ宮ノ下や箱根連山、相模湾も一望

全室で源泉かけ流しの湯を楽しめる

> **この客室にステイ**
> **九頭龍**
> 1泊2名利用1名
> **4万円〜**
> キングサイズのベッド1台、バルコニーに半露天風呂を備える。39.4㎡

・・・・・1泊2食付料金・・・・・
✛ 平日 3万6450円〜　✛ 休前日 4万3450円〜
🕐 IN 15:00 OUT 11:00

立ち寄り湯　なし

ニノ平

はこねりょうりやど きゅうあん
箱根料理宿 弓庵

箱根大文字焼の明星ヶ岳が目前に
静かに時を刻む料理自慢の宿

10室ある客室はすべて源泉かけ流しの露天または半露天風呂。夕食は料理長自らが生産者を訪ね歩くという、こだわりの旬素材を使った懐石料理だ。器も箱根ならではの漆器や寄木、竹などを取り入れている。

☎0460-86-0030 🏠箱根町ニノ平1297-248 🚃小涌谷駅から車で5分 🅿11台 🚌送迎あり(要連絡) ●全10室(和2・和洋8) ●2008年開業 ●泉質：単純温泉 ●露天10(客室内) 🗺P136B3

仙石原

かい せんごくはら
界 仙石原

客室からの眺望も芸術品
自然とアートを楽しむ宿

テーマは「アトリエ温泉旅館」。各客室には、国内外のアーティストが箱根で制作した作品が飾られている。テラスの露天風呂から望む仙石原の風景も、作品の一部のよう。アート制作体験もできる。

☎050-3134-8092(界予約センター 9〜18時) 🏠箱根町仙石原817-359 🚃バス停台ヶ岳から徒歩5分 🅿16台 🚌送迎なし ●全16室(和洋16) ●2018年7月改装 ●泉質：カルシウム-硫酸塩・塩化物泉 ●露天2 🗺P139D3

小田原のイパダガラス工房が手がけたランプシェードがある

> **この客室にステイ**
> **本館露天風呂付客室**
> 1泊2名利用1名
> **6万1000円〜**
> 琉球畳の上にソファを配した和洋室タイプ。仙石原の雄大な風景が広がる

・・・・・1泊2食付料金・・・・・
✛ 平日 6万1000円〜　✛ 休前日 6万8000円〜
🕐 IN 15:00 OUT 12:00

立ち寄り湯　なし

温泉好きの友だちを誘って
おトク×満足度の高い温泉宿へ

宿の雰囲気はもちろん、食事や風呂、料金まで、
温泉好きの友だちでも満足できるリーズナブルなお宿はこちらです。

ココが魅力!
硫酸塩・炭酸水素塩泉の「湯房MAYUの湯』。繭をモチーフにしたスチームサウナも利用できる

客室は和室、和洋室、洋室があり、さまざまなニーズに対応している(左)
晴れた日にはガーデンを望むオープンデッキテラスで朝食を(右)

芦ノ湖

小田急 箱根レイクホテル
おだきゅう はこねれいくほてる

天然温泉と豊かな自然が魅力

芦ノ湖畔にたたずむ静寂に包まれた宿で、和の要素を取り入れた客室はモダンな印象。夕食は和・洋会席料理。自然に囲まれた露天風呂はつぼ湯やスチームサウナもあり、癒やしのひとときを過ごすことができる。日帰り入浴も楽しめる。

☎0460-84-7611 ⓗ箱根町湖尻桃源台 ⓧバス停箱根レイクホテル前から徒歩1分 ⓟ50台 ●送迎なし ●全48室(和34・洋8・和洋6)●2014年3月改装 ●泉質:硫酸塩、炭酸水素塩泉 ●内湯2 露天2 ⓜⓐⓟP140A1

········ 1泊2食付料金 ········
⊹平　日 1万1500円～
⊹休前日 1万4500円～
🕐 IN 15:00 OUT 10:00
立ち寄り湯　あり(1200円)

元箱根

箱根・芦ノ湖 はなをり
はこね・あしのこ はなをり

芦ノ湖の絶景を満喫する

高台から芦ノ湖を見下ろす絶好のロケーションで、女性に大人気のホテル。和洋が調和したインテリアをしつらえ、心地よいホテルステイが楽しめる。

☎0460-83-8739 ⓗ箱根町元箱根桃源台160 ⓧバス停桃源台から徒歩2分 ⓟ100台 ●送迎あり ●全154室(洋138・和洋16)●2017年8月開業 ●泉質:カルシウム・マグネシウム・ナトリウム-硫酸塩・炭酸水素塩泉 ●内湯2 露天2 貸切2 ⓜⓐⓟP140A1

ココが魅力!
まるで湖に浸かっているような感覚を味わえる水盤テラス。箱根の山々と芦ノ湖を望める

窓から芦ノ湖を望む、湖畔側スタンダードルーム

········ 1泊2食付料金 ········
⊹平日 2万3250円～　⊹休前日 3万3150円～
🕐 IN 15:00 OUT 10:00
立ち寄り湯　なし

 ♨源泉かけ流し 🍴部屋食 💆エステあり 🚭禁煙ルームあり ㊍大浴場あり 🛏ひとり宿泊OK 🍽食事付入浴プランあり

箱根の小塚山の自然に抱かれた和みの宿。開放感あふれるロビー

ココが魅力!
内湯を備える男女別の大浴場。乳白色のにごり湯をかけ流しで楽しめるのがうれしい

仙石原 [ゆ][]川[][血流UP]

しきくらぶ はこねわのか
四季倶楽部 箱根和の香

リーズナブルな価格で人気の宿

シンプルなサービスにより、ハイグレードな施設をリーズナブルに利用できる宿。美術館やススキ草原、金時山など、仙石原の人気スポットへのアクセスも抜群で、観光の拠点としても便利だ。

☎0460-83-8135 ●箱根町仙石原小塚山1285 ●バス停小塚入口から徒歩2分 ●P12台 ●送迎なし ●全12室(和10・洋2) ●2008年4月改装 ●泉質:単純温泉,硫酸塩泉 ●内湯2 MAP P139E3

●━━━━━ 1泊料金 ━━━━━●
✛ 5650円(食事別)〜
🕐 IN 15:30 OUT 10:00

立ち寄り湯 あり(1250円)

ココが魅力!
スパラウンジ「ナカニワ」は、足湯、スウィングチェア、暖炉などがある憩いの場

夜は照明演出がある女性用大浴場(上)スタンダードツインルーム(下)

強羅 [][ゆ][][]

はこね ゆとわ
箱根 ゆとわ

中庭やラウンジでくつろげる

ホテル棟、コンドミニアム棟で構成。食事代、ドリンク代も宿泊料金に含まれるオールインクルーシブを採用する。スパラウンジ「ナカニワ」など施設も充実。

☎0460-82-0321 ●箱根町強羅1300-27 ●強羅駅から徒歩5分 ●P42台 ●送迎なし ●全72室(洋62・コンドミニアム10) ●2019年8月開業 ●泉質:ナトリウム-塩化物泉 低張性 弱アルカリ性高温泉 ●内湯2 MAP P136B2

●━━━━━ 1泊2食付料金 ━━━━━●
✛ 平日 1万8300円〜 ✛ 休前日 2万3300円〜
🕐 IN 15:00 OUT 10:00

立ち寄り湯 あり(1500円。土・日曜、祝日は1800円)

全室が早川渓谷に面している

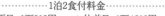

ココが魅力!
早川渓谷の自然を感じながらの湯浴みを。イタリアから輸入したレトロな貸切風呂もあり

塔之沢 [][ゆ][]

とうのさわ いちのゆほんかん
塔ノ沢 一の湯本館

建物は国の登録有形文化財

創業から380余年を数える、数寄屋造りの老舗宿。大正時代に造られた風情ある大広間の面影を残すレストランなど、館内のクラシカルな雰囲気もたまらない。

☎0460-85-5331(総合予約センター) ●箱根町塔之澤90 ●バス停上塔ノ沢から徒歩1分 ●P15台 ●送迎なし ●全21室(和21) ●2011年2月改装 ●泉質:アルカリ性単純温泉 ●内湯2 貸切1 MAP P134C1

●━━━━━ 1泊2食付料金 ━━━━━●
✛ 平日 1万919円〜 ✛ 休前日 1万4219円〜
🕐 IN 15:00 OUT 10:00

立ち寄り湯 あり(1100円)

箱根の宿 ● おトク×満足度の高い温泉宿へ

[温め]温め効果 [角質]角質落とし [潤]潤いを与える [血流UP]血流UP [白]美白効果 [肌]肌の引き締め [肌すべ]肌すべすべ

箱根の上質な宿

日本情緒あふれる老舗や、
設備が充実したホテルなど
多彩な宿が揃っています。

はつはな

「美人の湯」と名高い温泉

須雲川沿いに立ち、館内から湯坂山を望む。自家源泉の湯は、各客室の露天風呂や大浴場、4つの無料貸切風呂で楽しめる。夕食は、食事処で洋の要素を加えたモダン懐石料理。**DATA**☎0460-85-7321 **住**箱根町須雲川20-1 **交**箱根湯本駅から箱根湯本温泉旅館送迎バスで10分 **P**25台 **送**送迎3150円～ **Y**平日4万8150円～ 休前日5万3150円～ **IN**15時 OUT11時 ●全35室(和洋35) ●2022年9月改装 ●泉質:アルカリ性単純温泉 ●内湯2 露天2 貸切4 **MAP**P133D3

福住楼

登録有形文化財に宿泊

川端康成、吉川英治ら多くの著名人に愛された宿。「竹の持つ美しさを最大限に生かした」と評される京普請の数寄屋造りの客室は、すべて間取りが異なり、和の趣と歴史を感じられる。源泉かけ流しの温泉も自慢のひとつ。**DATA**☎0460-85-5301 **住**箱根町塔之澤74 **交**塔ノ沢駅から徒歩6分 **P**6台 **送**送迎あり **Y**平日2万5450円～ 休前日2万7650円～ **IN**15時 OUT10時 ●全17室(和17) ●1890年開業 ●泉質:アルカリ性単純温泉 ●内湯2 貸切3 **MAP**P134C1

しきをあじわうやど やまのちゃや

四季を味わう宿 山の茶屋

吊り橋を渡って行く一軒宿

竹林に囲まれ、創業当時の木造建築の趣を生かした館内。野趣あふれる渓谷の野天風呂には、早川のせせらぎが心地よく届く。2023年4月以降は、露天風呂付き客室が新たに3室増える予定。**DATA**☎0460-85-5493 **住**箱根町塔之澤171 **交**箱根湯本温泉旅館送迎バスで5分 **P**10台 **送**送迎なし **Y**平日2万7650円～ 休前日3万1280円～ **IN**15時 OUT10時 ●全16室(和16) ●1960年開業 ●泉質:弱アルカリ性単純温泉 ●内湯1 露天2 貸切1 **MAP**P134B1

ふじやほてる

富士屋ホテル

著名人が愛したクラシックホテル

明治11年(1878)、外国人客向けのリゾートホテルとして開業。本館、花御殿をはじめ、登録有形文化財の歴史ある建物に宿泊できる。スパのほか、各客室でも宮ノ下温泉を楽しめる。**DATA**☎0460-82-2211 **住**箱根町宮ノ下359 **交**バス停ホテル前から徒歩2分 **P**112台 **送**送迎なし **Y**平日4万6150円～ 休前日5万3150円～ **IN**15時 OUT11時 ●全120室(洋120) ●2020年7月改装 ●泉質:ナトリウム-塩化物泉 ●内湯2 半露天2 **MAP**P137E1

はこね ときのしずく

箱根 時の雫

1日8組限定のモダンな宿

客室の広さは63㎡以上で、全室に檜の露天風呂を備える。イタリアに特注したモダンなインテリアが華やかさを醸し出す。チェックアウトは12時と遅いため、ゆっくりとくつろぎの時間を過ごしたい。**DATA**☎0460-82-4343 **住**箱根町宮ノ下416 **交**宮ノ下駅から車で5分 **P**40台 **送**送迎あり(要問合せ) **Y**全日3万5350円～ **IN**15時 OUT12時 ●全8室(和洋8) ●2006年6月開業 ●泉質:ナトリウム-塩化物泉 ●露天8(客室内) **MAP**P137D3

はこねこわきだにおんせん みずのと

箱根小涌谷温泉 水の音

小涌谷、宮ノ下の2つの温泉を楽しむ

館内で水の音を楽しめる癒やしの宿で、4つの露天風呂付き大浴場と3つの貸切風呂で温泉三昧。また、夕食は約13種類より選べる。飲み放題付き。**DATA**☎0460-82-6011 **住**箱根町小涌谷492-23 **交**小涌谷駅から送迎バスで5分 **P**60台 **送**送迎あり **Y**平日2万6150円～ 休前日2万9150円～ (和洋室) **IN**15時 OUT11時 ●全95室(和洋76・洋19) ●2006年10月改装 ●泉質:ナトリウム・カルシウム-塩化物泉 ●内湯4 露天4 貸切露天3 **MAP**P136C4

てんすいさりょう

天翠茶寮

足湯Barから始まる非日常ステイ

乳白色の湯を引く露天風呂のほか、無料の貸切露天や岩盤浴、エステ(有料)など旅慣れた粋人をも癒やす施設が充実。客室は和室をはじめ、露天風呂付きの特別室を揃える。**DATA**☎0570-062-302 **住**箱根町強羅1320-276 **交**強羅駅から徒歩3分 **P**10台 **送**送迎なし **Y**平日2万7650円～ 休前日3万8650円～ **IN**15時 OUT10時 ●全34室(和10・洋3・和洋9、離れ12) ●2014年7月改装 ●泉質:酸性-カルシウム-硫酸塩・塩化物泉 ●内湯2 露天2 貸切露天2 **MAP**P136B1

源泉かけ流し 部屋食 エステあり 禁煙ルームあり 大浴場あり ひとり宿泊OK 食事付入浴プランあり

強羅
はいあっとりーじぇんしーはこねりぞーとあんどすぱ
ハイアット リージェンシー 箱根 リゾート&スパ

ワンランク上のステイが楽しめる
モダンな雰囲気の客室は、サンテラスまたはバルコニーが付いて開放的。本格スパトリートメント（フルボディ90分2万6103円〜など）でリフレッシュしよう。DATA☎0460-82-2000 箱根町強羅1320 交上強羅駅から徒歩5分 P57台 送迎あり（要連絡）¥全日3万4866円〜 IN15時 OUT12時 全80室（和洋12・洋68）2006年12月開業 泉質：酸性・硫酸塩泉 内湯2 MAP P136A2

仙石原
つきのはな あうる
月の花 梟

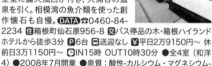

1日4組限定の隠れ家宿
宿泊客の多くはリピーターだという。全室に露天風呂が付き、大涌谷の温泉を引く。相模湾の魚介類を使った創作懐石も自慢。DATA☎0460-84-2234 箱根町仙石原956-8 交バス停品の木・箱根ハイランドホテルから徒歩3分 P6台 送迎なし ¥平日2万9150円〜 休前日3万1150円〜 IN15時 OUT10時30分 全4室（和洋4）2008年7月開業 泉質：酸性・カルシウム・マグネシウム・硫酸塩・塩化物泉 貸切内湯1 貸切露天1 MAP P139E2

仙石原
はこねせんごくはらぷりんすほてる
箱根仙石原プリンスホテル

自然豊かな仙石原にある
客室からは大箱根カントリークラブと箱根外輪山の雄大な山並みを一望できる。観光の拠点ばかりか、ゴルフやテニスのアクティビティも楽しめるリゾートホテル。DATA☎0460-84-6111 箱根町仙石原1246 交バス停仙石高原から徒歩5分 P99台 送迎あり（要連絡）¥宿泊料金は要問合せ IN15時 OUT11時 全100室（洋100）2015年4月改装 泉質：単純温泉 内湯2 露天2 MAP P138A4

芦ノ湖
たくみのやど よしまつ
匠の宿 佳松

和の風情あふれる旅館
日本庭園や、数寄屋造りの客室で癒される。芦ノ湖畔の高台にあり、晴れた日には一部の客室からも、富士山を望める。部屋食の夕食は月替わりの本格京風懐石。DATA☎0460-83-6661 箱根町箱根521 交バス停箱根町から徒歩6分 P25台 送迎あり（到着時に要連絡）¥平日3万3150円〜 休前日3万5350円〜 IN15時 OUT11時 全18室（和15・和洋2・洋1）1989年3月開業 泉質：単純硫黄泉 内湯2 露天2 貸切内湯1 MAP P141B4

仙石原
おだきゅう はこねはいらんどほてる
小田急 箱根ハイランドホテル

1万5000坪の緑豊かな敷地
ヨーロッパ調の本館と、温泉露天風呂付きと愛犬と泊まれる2タイプの客室がある「森のレジデンス」からなる。レストラン「ラ・フォーレ」（☞P74）も人気。DATA☎0460-84-8541 箱根町仙石原品の木940 交バス停品の木・箱根ハイランドホテルから徒歩すぐ P65台 送迎なし ¥平日2万2150円〜 休前日2万8150円〜 IN15時 OUT10時 全74室（洋74）2014年3月改装 泉質：硫酸塩泉 内湯4 露天2 MAP P139D2

仙石原
きんのたけ せんごくはら
金乃竹 仙石原

『竹取物語』をイメージした館内
館内のいたるところに竹が飾られる。全9室の客室はすべて露天風呂付きで、約50〜108㎡と広々としている。メゾネットタイプの「空」は、仙石原を見下ろす屋上露天風呂を設けるなど、贅を尽くした造りだ。DATA☎0460-85-9200 箱根町仙石原817-342 交バス停台ヶ岳から徒歩10分 P10台 送迎なし ¥平日7万6050円〜 休前日8万7435円〜 IN15時 OUT11時 全9室（和洋9）2005年11月開業 泉質：硫酸塩泉 内湯1 露天2 MAP 139D3

仙石原
おーべるじゅ はこねふぉんてーぬ・ぶろーせんごくてい
オーベルジュ 箱根フォンテーヌ・ブロー仙石亭

箱根の天然温泉と美食の時を
全客室に付く天然温泉の露天風呂と美食のフランス料理が堪能できる。大浴場は100%天然温泉。DATA☎0460-84-0501 箱根町仙石原1245-703 交バス停箱根カントリー入口から徒歩10分 P10台 送迎あり ¥平日2万8750円〜 休前日3万4250円〜 IN15時 OUT11時 全12室（洋12）2012年7月改装 泉質：酸性・カルシウム・マグネシウム・硫酸塩・塩化物泉 内湯2 MAP P140A1

芦ノ湖
おだきゅう やまのほてる
小田急 山のホテル

温泉とスパで美しくなる
ツツジやシャクナゲなどで有名な庭園（☞P118）を、すべての客室から眺められる。美肌の湯といわれる、自家源泉の温泉を引く大浴場や、スパ（☞P25）を利用して、心身ともにリフレッシュしよう。DATA☎0460-83-6321 箱根町元箱根80 交バス停元箱根港からシャトルバスで5分 P100台 送迎あり（定時運行）¥平日2万7150円〜 休前日3万3150円〜 IN15時 OUT12時 全89室（洋86・和洋3）2015年4月改装 泉質：アルカリ性単純温泉 内湯2 露天2 MAP P141A1

温め効果　角質落とし　潤 潤いを与える　血流UP　美白効果　肌の引き締め　肌すべすべ

まるで一枚の絵のような風景、箱根から季節の便りです

自然に恵まれた箱根には、季節のみどころがたくさん。
箱根町総合観光案内所の方におすすめのスポットを聞きました。

{ 春 } 赤やピンク、紫など色とりどりのツツジが箱根の各地で咲いています。

5月上～中旬

おだきゅう やまのほてるのつつじていえん
小田急 山のホテルのツツジ庭園

三菱財閥4代目社長の岩崎小彌太男爵の別邸跡。眼前に芦ノ湖を望む広大な庭園に、バラやシャクナゲなどが植えられている。特にツツジの名所として知られ、日本植物園協会ナショナルコレクションにも認定。84種約3000株のツツジが咲いた光景は息をのむほど。☎0460-83-6321 住箱根町元箱根80 ¥1000円(開花期間中のみ) ◯9～17時 休無休 交バス停元箱根港からシャトルバスで5分 P100台 MAP P141A1

4月上～中旬

はやかわつつみのさくら
早川堤の桜

早川沿いの堤防、約600mにわたって続く、約150本の桜並木。開花期間中は、宮城野さくら祭りが開催され、露店が並ぶ。夜のライトアップも見ごたえあり。☎0460-82-2220(箱根町宮城野木賀観光協会)住箱根町宮城野 ¥◯休散策自由 交バス停宮城野から徒歩4分 Pあり MAP P136B1

5月上～中旬

ほうらいえんのつつじ
蓬莱園のツツジ

約1万6000㎡の敷地に、ヤマツツジやキリシマツツジなどが庭園を彩る。春の桜、秋の紅葉もおすすめ。☎0460-85-0261(箱根小涌園 三河屋旅館)住箱根町小涌谷 ¥◯休一部規制あり 交バス停蓬莱園から徒歩すぐ Pなし MAP P136B4

{ 夏 } 6月中旬から見頃を迎えるアジサイは箱根の初夏の風物詩として知られています。

6月中旬～7月中旬

あじさいでんしゃ
あじさい電車

初夏になると、箱根登山電車の沿線にアジサイが咲く。このアジサイは、昭和40年代後半から、職員の手によって少しずつ植えられたもの。電車は時速約20kmで進むので、ゆっくり景色を楽しめる。6月下旬～7月初旬の夜には沿線のアジサイがライトアップされ、車窓から幻想的な光景を楽しむことができる。春には大平台付近にしだれ桜も見られる。DATA☞P40

5～8月

はこねびじゅつかんのこけにわ
箱根美術館の苔庭

日本各地から集められた、約130種類の苔で覆われた美術館の日本庭園。遊歩道を散策した後は、庭園内にある茶室・真和亭へ。抹茶720円でひと息つける。DATA☞P60

7月上旬～8月下旬

にこらい ばーぐまん はこね がーでんずのあじさい
ニコライ バーグマン 箱根 ガーデンズのアジサイ

エントランスから駐車場に向かう坂道には、約800株もの西洋アジサイが咲き誇る。DATA☞P60

春夏秋冬、季節の草花に彩られるのが箱根の魅力です

箱根の魅力のひとつは、四季折々の景色です。春はツツジが有名で、ホテルや旅館の庭園などが名所となっています。

夏にはアジサイが咲き誇ります。箱根登山電車の大平台駅周辺、宮ノ下駅から強羅駅間は、特に見ごたえのあるスポットですよ。

秋は強羅周辺の紅葉がおすすめです。街路樹にモミジが植えられており、町を歩くだけでも楽しめます。

箱根ロープウェイから見る山々の紅葉も風情があって最高です。

冬といえば、澄み切った空にそびえる富士山です。とくに夕日で真っ赤に染まる富士山は感動的な美しさです。

{ 秋 }

黄金色の絨毯を敷いたようなススキ草原は秋の仙石原の象徴となっています。

10月上旬～11月中旬

せんごくはらのすすきそうげん
仙石原のススキ草原

台ヶ岳の裾野に広がる、約18万㎡の草原。その昔、屋根葺き用のススキが植えられたススキ草原は、現在は箱根の一大景勝地として多くの観光客が訪れる。草原の中を横切るように約700mの遊歩道があり、ススキと箱根連山が織りなす絶景が楽しめる。
☎0460-85-5700（箱根町総合観光案内所）🏠箱根町仙石原 ¥営休見学自由 🚌バス停仙石高原から徒歩すぐ Ｐ260台（9～11月のみ臨時駐車）MAP P138B4

11月上～中旬

ちょうあんじのこうよう
長安寺の紅葉

650年以上前に創建された寺。境内には五百羅漢像が点在している。紅葉を見ながら散策するのも楽しい。
☎0460-84-3500（仙石原乙女観光案内所）🏠箱根町仙石原82 ¥営休境内自由 🚌バス停仙石から徒歩2分 Ｐ10台 MAP P139D1

11月上～中旬

はこねびじゅつかんのこうよう
箱根美術館の紅葉

日本庭園には、イロハモミジやオオモミジなどが、約200本植えられている。苔の緑色とモミジの赤色のコントラストが美しい。

DATA ☞P60

{ 冬 }

雪化粧をした富士山の絶景を、芦ノ湖や箱根ロープウェイなどから眺めることができます。

12月中旬～2月下旬

あしのこのさかさふじ
芦ノ湖の逆さ富士

芦ノ湖の湖面に映った逆さ富士は、まるで絵画のような美しさ。観賞するためには、風がなく、空気の澄んだ冬の晴れた日の早朝がおすすめ。湖が波立つと見られないので、観光船の出航前に訪れたい。箱根神社の朱色の鳥居も見える、元箱根港が絶景のビュースポット。
☎0460-85-5700（箱根町総合観光案内所）🏠箱根町元箱根 ¥営休見学自由 🚌バス停元箱根港から徒歩1分 Ｐ330台 MAP P141C2

12月下旬～2月中旬

あしのこ
芦ノ湖

雪が積もれば辺り一面が白銀の世界に包まれる、冬の芦ノ湖。バス停箱根支所前近くの湖畔や、県立恩賜箱根公園、箱根・芦ノ湖 成川美術館などが芦ノ湖を一望できるポイント。☎0460-85-5700（箱根町総合観光案内所）🏠箱根町元箱根 ¥営休見学自由 🚌バス停元箱根から徒歩1分 Ｐ330台 MAP P141A2

12月下旬～2月下旬

はこねろーぷうぇい
箱根ロープウェイ

積雪は、ゴンドラの外に幻想的な雪景色が広がる（荒天時は運休）。晴れた日には、迫力満点の富士山の姿を眺められる。

DATA ☞P56

かつては東海道の宿場町
小田原城と城下町を散策しましょう

今も昔も交通の要として賑わう小田原は、歴史的魅力が満載です。
小田原城はもちろん、昔ながらのグルメもチェックしましょう。

小田原って こんなところ

相模湾に面した足柄平野に位置し、戦国時代には小田原北条氏の拠点となり、城下町として発展した。また、江戸時代には東海道の宿場町として栄え、現在も新幹線や国道1号線が通る交通の要衝である。海の幸に恵まれ、かまぼこなどの特産品も有名。

アクセス

🚃 **電車**：箱根湯本駅から箱根登山電車で15分、小田原駅下車

🚗 **車**：東名高速道路厚木ICから小田原厚木道路・国道255号線経由で約30km

問合せ

小田原市観光課☎0465-33-1521
小田原市観光協会☎0465-20-4192

▲昭和35年（1960）に復興された小田原城の天守閣。最上階からは相模湾が一望できる

モデルコース

所要 3時間

JR小田原駅
↓ 徒歩10分
小田原城址公園
↓ 徒歩2分
杜のひろば
↓ 徒歩10分
ういろう
（☞P122）↓ 徒歩15分
ミナカ小田原
↓ 徒歩すぐ
JR小田原駅

おだわらじょうしこうえん
小田原城址公園

江戸時代の面影を残す城址

15世紀中頃に大森氏が築いた山城が前身でその後小田原北条氏の居城として発展。明治3年（1870）に廃城となり解体されたが、現在は国指定史跡になり公園として整備。天守閣の内部には、甲冑や刀剣、古文書や絵図など歴史的資料を展示。園内には3つの門が再建・復元され、小田原城NINJA館などもある。☎0465-22-3818（小田原城天守閣）⛩小田原市城内 ¥公園は無料。天守閣は510円。小田原城NINJA館は310円 🕐天守閣などは9〜17時（最終入場16時30分。繁忙期には天守閣の開館延長あり）🚫年末年始（天守閣は12月第2水曜日休）🚃JR小田原駅東口から徒歩10分 Ⓟ周辺駐車場を利用 **MAP** P121A2

1 天守閣の最上階からは箱根の山々や相模湾を見渡せる **2** 北条氏や風魔忍者について学べる小田原城NINJA館 **3** 二の丸の正門にあたる銅門（あかがねもん）。銅板の装飾が施されている

おだわらしかんこうこうりゅうせんたー
小田原市観光交流センター

小田原城そばの観光交流施設

小田原の木材を使用した木の温もりあふれる建物で、観光情報や地域の文化・歴史を紹介する。小田原在住のアーティストの作品を販売するショップやカフェ、観光に便利なレンタサイクル（¥1回1000円）もある。体験ワークショップやイベントが行われることもあるので、チェックしてみよう。

☎0465-46-8403 住小田原市本町1-7-50 ¥無料 ⏰9～17時（カフェは10時～16時30分LO）休無休 交JR小田原駅東口から徒歩10分 P周辺駐車場を利用 MAP P121 B2

もりのひろば
杜のひろば

報徳二宮神社境内の憩いの場

地域のヒト・モノ・コトが集まる場所として開設。2つのオープンカフェがあり、自然に囲まれてくつろげる。「きんじろうカフェ」では報徳二宮神社の御祭神・二宮尊徳翁にちなんだメニューを提供。「Café小田原柑橘倶楽部」では、柑橘類を中心に、地元食材を使ったドリンクなどを味わえる。

☎0465-23-3246 住小田原市城内 報徳二宮神社内 ⏰10時～16時30分LO 休不定休 交JR小田原駅東口から徒歩11分 P18台（20分無料、以降30分200円）MAP P121A2

おだわらじゅくなりわいこうりゅうかん
小田原宿なりわい交流館

商家づくりの建物は雰囲気満点

昭和7年（1932）に建設された旧網問屋を再整備した、観光客や市民の憩いの場。1階は観光案内・無料お休み処、2階はイベントスペースとして利用できる。街かど博物館をはじめとする市内の名所旧跡等の案内やパンフレットの配布をしている。毎月第2・4日曜は小田原ちょうちんの製作も。

☎0465-20-0515 住小田原市本町1-7-50 ¥無料 ⏰9～17時（カフェは10時～16時30分）休無休 交JR小田原駅東口から徒歩12分 P18台（30分100円、土・日曜、祝日は200円）MAP P121B2

🌸 ミナカ小田原を巡ろう 🌸

小田原駅周辺に、注目スポットが続々登場。その目玉が、東口にある複合施設「ミナカ小田原」だ。

40以上の店舗と公共スペースが融合した小田原駅直結の複合施設。まるで江戸時代のような街並みが広がる「小田原新城下町」や、タワー棟3階の「西湘フードスタジアム」には、小田原・箱根・西湘エリアで人気の飲食店とみやげ店が立ち並ぶ。タワー棟の高層階には、コンパクトシティホテル「天成園 小田原駅 別館」や展望足湯庭園も。まさに、食べる、買う、泊まる、集うの4拍子が揃った施設だ。

「和桜"WAO"」の甘糀スムージー（いちご）690円などテイクアウトも充実

☎0465-22-1000 住小田原市栄町1-1-15 ⏰ショップ10～20時、レストラン11～21時※一部店舗・施設は異なる 休無休 交JR小田原駅東口直結 P64台（1時間400円、以降30分200円）MAP P121A1

金次郎広場で休憩や食事ができる。二宮金次郎夫婦像も立つ

絶景が広がるタワー棟14階の展望足湯庭園 ¥無料 ⏰10～20時

小田原

0   150m
徒歩約2分

ココにも行きたい

小田原のおすすめスポット

そろりとおだわら
♪ そろりと小田原

多彩なワークショップが魅力

染付け豆皿づくりや粘土遊び、陶版画づくりなど、さまざまなワークショップを開催。8種類の天然香料を調合し、好きな袋と組み合わせる香り袋＋お茶セット2800円は所要約30分。 DATA ☎090-4055-1543 住小田原市本町4-1-21 本町ビル1A ▼ワークショップにより異なる ⓔ11〜18時（予約優先）休不定休 ✗JR小田原駅東口から徒歩12分 P1台 MAP P121B2

らっこあめーの
🍴 ラッコアメーノ

小田原の海鮮イタリアン

ナポリで修業し、国内の有名ピッツェリアで腕を振るうシェフの店。小田原の魚介とトマトソースを合わせたピッツァ、オダワラーナ1300円をはじめ、地元食材を生かしたイタリアンを。 DATA ☎0465-43-8568 住小田原市栄町2-11-30 ⓔ11時30分〜14時LO、17時30分〜21時LO 休火曜、第1日・月曜、不定休あり ✗JR小田原駅東口から徒歩5分 P1台 MAP P121B1

かいせんちゃや うおくに
🍚 海鮮茶屋 魚國

相模湾の新鮮魚介が人気

駅直結の場所にある鮮魚商直営の店でセットメニューが豊富。新鮮な魚介を特製ダレにからめた魚國の海鮮丼1850円を目当てに昼どきには行列もできるほど。開店間際が狙い目だ。 DATA ☎0465-24-1187 住小田原市栄町1-1-9 ラスカ小田原2階 ⓔ11〜22時 休ラスカ小田原に準じる ✗JR小田原駅東口に直結 P提携駐車場を利用（2000円以上の利用で1時間無料） MAP P121A1

はこねぐちがれーじほうとくひろば
🍴 箱根口ガレージ報徳広場

路面電車のある広場にグルメが集結

グリル料理を中心とした「きんじろうCAFE&GRILL」ほか、「パティスリー HINNA」「報徳 デザイン スタジオ FLOWER&GARDENS」で構成される施設。広場のシンボル、路面電車モハ202号は内部を公開している（車内公開は11〜16時）。 DATA ☎0465-23-2881 住小田原市南町2-1-60 ⓔ10〜17時（ランチは11〜15時）休不定休 ✗JR小田原駅東口から徒歩15分 P10台 MAP P121A2

「チンチン電車」とよばれて親しまれた車両

「きんじろうCAFE&GRILL」のランチメニュー、小田原漁港より地サバのグリル（サラダ、スープ、ライス付）1900円

ひもの すたんど はやせ
🍴 himono stand hayase

新感覚の干物バーガーが人気

大正元年（1912）創業の干物の老舗「早瀬幸八商店」の5代目が手がける店。炭火焼きされた完全無添加の干物を、ハンバーガーや弁当で味わえる。「イチオシのミニさばバーガー450円（単品）は、肉厚のサバがジューシー。 DATA ☎090-3168-1291 住小田原市本町3-12-21 ⓔ11〜16時（15時30分LO）休火曜 ✗JR小田原駅東口から徒歩13分 P2台 MAP P121B2

うなぎていともえい
🍴 うなぎ亭友栄

箱根の別荘族も通う鰻の名店

厳選された産地直送の鰻料理を楽しめる。ふっくらと焼き上げ、門外不出のタレにくぐらせた鰻がのる上うな重6600円は絶品。そのほか、旬の素材を取り入れた創作メニューも人気が高い。遠方から訪れるリピーターが多いのも納得のおいしさだ。 DATA ☎0465-23-1011 住小田原市風祭122 ⓔ10〜16時LO 休木・金曜 ✗風祭駅から徒歩6分 P30台 MAP P133E2

おだわらおでんほんてん
🍚 小田原おでん本店

都会的でユニークなおでんを提供

かまぼこなどの練り物文化が発達した小田原で、新しい発想で地元の食材を生かした若者にも受けるおでんを提供。店内もおしゃれでおでんの認識を覆させられる。季節のやさいおでん1600円もおすすめ。 DATA ☎0465-20-0320 住小田原市浜町3-11-30 ⓔ11時30分〜14時30分、16〜21時 休月曜 ✗JR小田原駅東口から徒歩15分 P7台 MAP P133F2

しょうなんぱんけーき
🍚 湘南パンケーキ

見た目もおしゃれなふわふわパンケーキ

富士溶岩窯で焼き上げる湘南パンケーキ1080円が名物。マスカルポーネを練り込み、リコッタチーズの食感を生かした生地は、口の中でふんわりと溶け、チーズの風味が広がる。ほかにカレーやオムライスなどのメニューも人気。 DATA ☎0465-22-1131 住小田原市本町2-6-1 ⓔ10時〜20時30分（19時30分LO）休無休 ✗JR小田原駅東口から徒歩10分 P20台 MAP P121B2

🛍 ういろう
<small>ういろう</small>

長年愛されてきた素朴なお菓子

外郎（ういろう）家が室町時代に考案した米粉の蒸菓子で、家名から「ういろう」の愛称で親しまれている。25代にわたり昔ながらの製法を守り、小田原での販売を基本としている。各756円〜。創作甘味が味わえる喫茶や外郎博物館（入館無料）も併設している。**DATA**☎0465-24-0560 🏠小田原市本町1-13-17 🕙10〜17時 🈚水曜、第3木曜 🚉JR小田原駅東口から徒歩15分 🅿15台 **MAP**P121A2

❶もっちりした食感とほのかな甘さが特徴 ❷明治18年（1885）築の家蔵を利用した外郎博物館では商家ゆかりの品々を展示

🛍 ちん里う本店
<small>ちんりうほんてん</small>

丹精こめて漬ける梅干に定評あり

明治4年（1871）創業の料亭「枕流亭」が母体。国産の梅を塩のみで漬ける無添加の梅干は、果肉が軟らかく風味豊か。なかでも小田原曽我梅林を代表する銘梅「十郎」の大粒梅干「梅一輪」1粒320円〜は自慢の一品。街かど博物館の1軒でもある。**DATA**☎0465-22-4951 🏠小田原市栄町1-2-1 🕙10〜17時（変更の場合あり） 🈚無休 🚉JR小田原駅東口から徒歩すぐ 🅿なし **MAP**P121B1

🛍 本町 風月堂
<small>ほんまち ふうげつどう</small>

お城の形をしたもなかをおみやげに

名物は小田原城の形をしたもなか、小田原 城下町もなか170円。餡の甘さと皮の薄さのバランスが絶妙で、小田原みやげに買い求める人も多い。つぶ餡、こし餡、バター、栗、ゴマのこし餡の4種類があるどら焼き各210円なども販売する。**DATA**☎0465-22-2960 🏠小田原市本町1-10-20 🕙9〜18時 🈚水曜 🚉JR小田原駅東口から徒歩15分 🅿なし **MAP**P121B2

🛍 籠清本店
<small>かごせいほんてん</small>

原料や製法にこだわるかまぼこ店

文化11年（1814）創業の老舗かまぼこ店。かまぼこに最適な魚、グチを主体に製造。身を石臼でするので旨味を逃さず、心地よい歯ごたえが楽しめる。板付蒲鉾1080円〜のほか、季節ごとに絵柄が変わる花かまぼこ各594円も人気。**DATA**☎0465-23-4530 🏠小田原市本町3-5-13 🕙9〜17時 🈚元日 🚉JR小田原駅東口から徒歩15分 🅿15台 **MAP**P121B2

♨ 小田原お堀端 万葉の湯
<small>おだわらおほりばた まんようのゆ</small>

湯河原の名湯を楽しむ

手ぶらで行ける駅チカ日帰り入浴施設。湯河原温泉から毎日運ばれる湯を屋上露天風呂や檜の露天風呂（写真）、貸切風呂などで堪能できる。サウナやマッサージ、食事処も完備している。**DATA**☎0465-23-1126 🏠小田原市栄町1-5-14 🕙2530円（深夜追加料金あり） 🕙24時間 🈚無休 🚉JR小田原駅東口から徒歩5分 🅿142台（5時間以降は30分100円） **MAP**P121B1

🌊 かまぼこのすべてがわかる

創業150年以上という老舗・鈴廣かまぼこが展開する施設。広大な敷地の中に鈴廣蒲鉾本店、かまぼこ博物館、食事処などが立ち並んでいる。古民家を移築した食事処の「そばと板わさ 美藏」や「会席 大清水」ほかに、ビュッフェレストランなどもある。鈴なり市場には、板かまぼこを中心に小田原・箱根みやげが200種ほど揃い、みやげ探しに最適だ。「箱根登山電車」の車両内で軽食を楽しめるカフェ「えれんなごっそCAFÉ107」も人気。**DATA**☎0120-07-4547 🏠小田原市風祭245 💴無料 🕙9〜18時（施設によって異なる） 🈚無休（臨時休あり）🚉風祭駅直結 🅿300台 **MAP**P133E2

小田原名産のかまぼこ。買って、食べて、知って、体験までできる「鈴廣かまぼこの里」へ行ってみましょう！

❶「そばと板わさ 美藏」のかまぼこかき揚げそば（冷）1760円 ❷えれんなごっそ CAFÉ107ではコーヒーや箱根ビールを味わえる ❸かまぼこ博物館ではかまぼこづくりの体験ができる（要予約、有料）

📖 JR小田原駅東口の「HaRuNe小田原」はレストランやショップが集まる地下街。みやげ探しには最適です。

ひと足のばして●ココにも行きたい 小田原のおすすめスポット

ひと足のばして●ココにも行きたい 小田原のおすすめスポット

人気のランチスポット小田原漁港で新鮮魚介をいただきましょう♪

日本三大深湾のひとつ、相模湾の種類豊富な魚介を水揚げする小田原漁港。その周辺には、海鮮をお腹いっぱい味わえるグルメスポットが揃っています。

ぎょこうのえき ととこおだわら
漁港の駅 TOTOCO小田原

+小田原駅から 電車+徒歩で12分

鮮度抜群！魚のテーマパーク

日本初の「漁港の駅」。2・3階には、小田原漁港直送の海鮮を堪能できる食事処やイタリアンがある。1階の販売コーナーでは、海の珍味や水産加工物など約1800種類の商品を展開。☎0465-20-6336 (住)小田原市早川1-28 (時)9〜17時(季節により変動あり) (休)無休 (交)JR早川駅から徒歩10分 (P)166台 MAP P133E2

▲「魚(とと)の宝庫」が名前の由来

▼大人気の食べ放題3190円。制限時間は59分

おさしみてんごく・おだわらかいせんごーごー!!
おさしみ天国・小田原海鮮ゴーゴー!!

約25種類のおかずを好きなだけ

刺身、煮つけ、揚げ物などが食べ放題。グラスにネタを盛り付けて「寿司パフェ」を作るのも楽しい。(時)10時59分〜16時LO

ととまるしょくどう
とと丸食堂

海の幸てんこ盛りの丼

マグロ、イクラ、ウニなど、海の幸を豪快に盛った丼が名物。定食や麺類などメニューは豊富。(時)10〜16時LO

◀度肝を抜くボリュームのとと丸上丼2480円

おだわらはやかわぎょそん
小田原早川漁村

+小田原駅から 電車+徒歩で7分

朝どれの海鮮を召し上がれ

漁港のすぐそば、通称「おさかな通り」に立つ施設。海鮮丼やバーベキューを楽しめる食事処と、小田原みやげの店で構成。☎0465-24-7800 (住)小田原市早川1-9-6 (時)店舗により異なる (休)無休 (交)JR早川駅から徒歩5分 (P)小田原漁港駐車場利用 MAP P133E2

▲江戸時代の町家風の建物が特徴

▼赤エビやカニものせた海舟海鮮丼2830円

かいせんどんや かいしゅう
海鮮丼屋 海舟

海鮮丼が20種類以上

小田原の地魚が主役の海鮮丼は、バラエティ豊富なラインナップ。定食や一品料理も揃っている。(時)10時〜16時30分LO

りょうしのはまやきあぶりや
漁師の浜焼あぶりや

ホタテやサザエを焼き放題

50種類以上の食材が揃う海鮮バーベキュー。土・日曜、祝日は漁師の朝めし1980円を提供。(時)10時〜19時30分LO(土・日曜、祝日は8時〜)

▲海鮮バーベキュー80分食べ放題3980円

箱根へのアクセス

🚌 鉄道

■新宿駅から

| 新宿駅 | 小田急ロマンスカー
約1時間30分 2470円 20分～1時間ごと | 箱根湯本駅 |
| | 小田急線快速急行（小田原駅乗換え）
約1時間55分 1270円 日中20分ごと | |

※小田急線は2023年3月18日より実施の、鉄道バリアフリー料金を加算したねだんです。

■東京駅などから小田原駅へ

東京駅	新幹線こだま 約35分 3810円 1時間に2～3本	小田原駅
	JR東海道線普通 約1時間20分 1520円 日中1時間に4本	
横浜駅	JR東海道線特別快速 約45分 990円 日中1時間に1本	
名古屋駅	新幹線ひかり 約1時間10分 9100円 2時間ごと	
新大阪駅	新幹線ひかり 約2時間20分 1万2850円 2時間ごと	

■小田原駅から

| 小田原駅 | 箱根登山電車
約15分 360円 1時間に3本 | 箱根湯本駅 |
| | 箱根登山バス・伊豆箱根バス
約20分 420円 1時間に3～4便 | |

• プランニングヒント •

・箱根へは、渋滞のない鉄道でのアクセスがおすすめ。東京方面からなら箱根湯本まで乗換えなしで行ける小田急ロマンスカーがなんといっても便利。
・安く行くなら、特急料金が不要の小田急線の快速急行を利用しよう。
・東京、品川駅から一番早く行くには、新幹線こだまを利用するといい。
・名古屋・大阪方面からなら新幹線ひかりを利用し、三島駅や熱海駅から箱根方面行きのバスに乗るルートもある。

▶海賊船・ロープウェイ乗り放題パス

●1日券 4000円　2日券 4500円

芦ノ湖の桃源台港～箱根町港～元箱根港を遊覧する箱根海賊船と、桃源台～大涌谷～早雲山を結ぶ箱根ロープウェイが乗り降り自由となるチケット。早雲山駅・姥子駅・桃源台駅・箱根町駅には無料駐車場もあり、マイカーで箱根を訪れても安心して湖上と空中の乗り物で箱根巡りを楽しめる。ただし、乗り物の運行時間（最終時刻）には充分気をつけよう。販売は箱根海賊船の各港と、ロープウェイの各駅（スマートフォンなどでの購入も可能）。チケットを提示すると入場料などが割引になる観光施設もある。

おトクな情報

▶箱根フリーパス

●新宿駅から
6100円（2日用）／ 6500円（3日用）

●小田原駅・三島駅から
5000円（2日用）／ 5400円（3日用）

箱根の登山電車・バス・ロープウェイ・海賊船など小田急グループの8つの乗り物が乗り降り自由となる便利なきっぷ。
フリーエリア内で販売されるものを除き、小田原駅までの小田急線往復も付いているが、ロマンスカーの乗車には別に特急券が必要。約70の観光施設での割引特典もある。小田急の各駅のほか、箱根登山電車主要駅、箱根登山バス・東海バスの案内所などで販売。

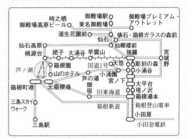

▶箱根旅助け

●3900円（2日間有効）

現地で購入でき、箱根に宿泊する観光客におすすめ。小田原、熱海から、箱根エリアの伊豆箱根系のバス、ロープウェイ、遊覧船が乗り降り自由になるうえ、箱根園水族館入館（1回限り）や、観光施設の優待特典付き。伊豆箱根バスの小田原、熱海、元箱根、箱根園の各営業所・案内所などで販売する。

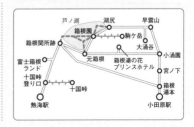

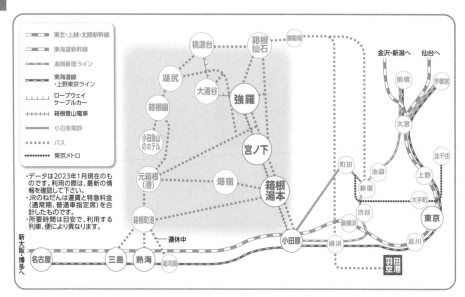

凡例
- 東北・上越・北陸新幹線
- 東海道新幹線
- 湘南新宿ライン
- 東海道線・上野東京ライン
- ロープウェイ ケーブルカー
- 箱根登山電車
- 小田急電鉄
- バス
- 東京メトロ

- データは2023年1月現在のものです。利用の際は、最新の情報を確認して下さい。
- JRのねだんは運賃と特急料金（通常期、普通車指定席）を合計したものです。
- 所要時間は目安で、利用する列車、便により異なります。

（路線図内の地名）
桃源台／箱根仙石／御殿場／金沢・新潟へ／仙台へ／前橋／宇都宮／湖尻／大涌谷／強羅／大宮／箱根園／宮ノ下／小田急山のホテル／町田／池袋／上野／北千住／元箱根（港）／畑宿／箱根湯本／大手町／新宿／渋谷／東京／箱根町港／新横浜／横浜／品川／運休中／小田原／羽田空港／新大阪・博多へ／名古屋／三島／熱海／湯河原

🚌 高速バス

新宿駅南口	小田急ハイウェイバス 約2時間20分 2040円 30分〜1時間ごと	→	箱根桃源台
横浜駅東口	小田急ハイウェイバス／京浜急行バス 約1時間50分 1990円 1日2〜4便	→	
羽田空港	小田急ハイウェイバス／京浜急行バス 約2時間25分 2300円 1日2〜4便	→	
近鉄なんば駅西口（OCAT）	近鉄バス「金太郎号」 約10時間40分 8000円 1日1便（夜行）	→	小田原駅東口

● プランニングヒント
新宿駅南口から箱根エリア内の目的地まで、乗り換えなしで直行できて便利なのが高速バス。大阪方面からの格安アプローチなら、小田原まで夜行バスを利用するといい。

🚌 定期観光バス

まるごと箱根号　5500円 （2023年1月現在運休中）

箱根登山バス ☎0465-35-1271（予約・問合せ）
運行日は要確認

箱根湯本駅発10:00→大平台→宮ノ下温泉→小涌園→箱根関所・資料館（恩賜箱根公園は自由見学）→元箱根港（自由昼食）→（箱根海賊船）→桃源台→（◆箱根ロープウェイ）→◆大涌谷→早雲山→（箱根ケーブルカー）→強羅駅→甘酒茶屋→箱根湯本駅着15:50→鈴廣かまぼこの里→小田原駅着16:30　◆箱根ロープウェイ運休日は箱根ガラスの森美術館に変更

☎ 問合せ一覧

鉄道会社
- ●JR東日本 お問い合せセンター ☎050-2016-1600
- ●小田急電鉄お客さまセンター ☎044-299-8200
- ●JR東海テレフォンセンター ☎050-3772-3910
- ●箱根登山鉄道（鉄道部） ☎0465-32-6823

バス会社
- ●小田急ハイウェイバス（お客さまセンター） ☎03-5313-8330

- ●小田急ハイウェイバス（予約） ☎03-5438-8511
- ●京浜急行バス（高速バス予約センター） ☎050-1807-1810
- ●近鉄高速バスセンター ☎0570-00-1631
- ●伊豆箱根バス（小田原営業所） ☎0465-34-0333
- ●東海バス（沼津営業所） ☎055-935-6611

箱根へのドライブ

 車

プランニングヒント

渋滞のポイントは箱根新道の入口付近、国道1号と国道138号が合流する宮ノ下交差点付近、国道1号線の元箱根付近、東名高速の御殿場IC付近など。また、毎年1月2・3日は箱根駅伝のため交通規制が行われる。

箱根周辺の有料道路

小田原厚木道路(厚木〜箱根口)	520円
*アネスト岩田ターンパイク箱根(箱根小田原本線)	730円
*アネスト岩田ターンパイク箱根(箱根伊豆連絡線)	150円
西湘バイパス(西湘二宮〜箱根口)	270円
*芦ノ湖スカイライン(本線=一般区間)	800円
*芦ノ湖スカイライン(湖尻線=特別区間)	100円
*箱根スカイライン	360円

※普通車ETC利用のねだん(*印の道路はETC非対応)

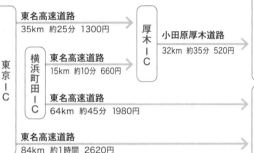

	東名高速道路 35km 約25分 1300円	厚木IC	小田原厚木道路 32km 約35分 520円

東京IC

横浜町田IC 東名高速道路 15km 約10分 660円

東名高速道路 64km 約45分 1980円

東名高速道路 84km 約1時間 2620円

名古屋IC 東名・新東名高速道路 231km 約2時間10分 5580円

箱根口IC
- 国道1号 3km 約5分 → 箱根湯本
- 国道1号 9km 約10分 → 宮ノ下
- 国道1・138号 15km 約20分 → 仙石原
- 国道1号・県道734号 18km 約25分 → 大涌谷

御殿場IC
- 国道138・1号 24km 約40分 → 箱根湯本
- 国道138号 17km 約25分 → 宮ノ下
- 国道138号 11km 約20分 → 仙石原
- 国道138号・県道75・735号 18km 約30分 → 大涌谷

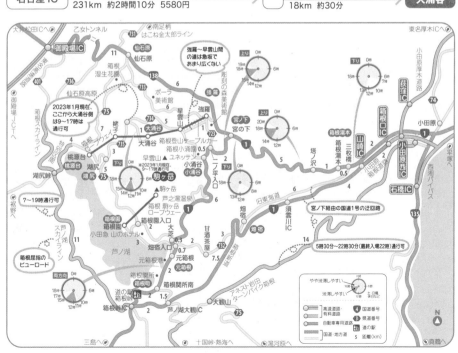

箱根の知っておきたい エトセトラ

旅がもっと楽しくなる、箱根にまつわる本やドラマを紹介。
季節の花やイベントもチェックしましょう。

読んでおきたい本

箱根を代表する大会や、歴史をテーマにした本を読めば、箱根のディープな魅力を発見できます。

新装版 箱根の坂（上）

伊豆を平定し、難所である箱根の坂を越えて小田原を攻略した武将、北条早雲の生涯を描いた傑作長編小説。上・中・下巻がある。
講談社／2004年／司馬遼太郎著／858円

風が強く吹いている

箱根駅伝出場という夢に向かって疾走する、個性あふれる10人のメンバーを描いた青春小説。2009年には映画化もしている。
新潮社／2009年／三浦しをん著／1045円

チーム

箱根駅伝出場を逃した中から選ばれる「学連選抜」。「寄せ集め」のメンバーは何のために襷をつなぐのか……選手の葛藤と激走を描く。
実業之日本社／2010年／堂場瞬一著／755円

箱根駅伝95年

箱根駅伝の名シーンや秘話など、駅伝が始まった大正時代から現代まで、95年間のすべてがつまった箱根駅伝ファン必携の一冊。
宝島社／2015年／別冊宝島編集部編／1100円

箱根駅伝に恋しよう 走れ！ミル子

ダイエット目的でランニングを始めた主人公のミル子は、次第に箱根駅伝の魅力に惹かれていく。物語には実在の選手の話も登場する。
マガジンハウス／2010年／桜沢エリカ著／1320円

観ておきたいDVD

人気アニメ「ヱヴァンゲリヲン新劇場版」の舞台、第3新東京市は、箱根の仙石原がモデルになっています。

ヱヴァンゲリヲン新劇場版：序

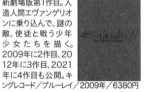

新劇場版第1作目。人造人間エヴァンゲリオンに乗り込んで、謎の敵、使徒と戦う少年少女たちを描く。2009年に2作目、2012年に3作目、2021年に4作目も公開。キングレコード／ブルーレイ／2009年／6380円
©カラー

新劇場版2作目のワンシーン

第3新東京市のシーンの元になった、くらかけ展望台（MAP P140B4）からの風景

TVドラマのスポット

箱根の歴史ある寺院や、洗練されたレストラン、美術館はTVドラマの舞台として登場することも多いです。

早雲寺【江～姫たちの戦国～】

小田原北条氏歴代の菩提寺。美術・工芸品などの文化財も多数所蔵。大河ドラマ『江～姫たちの戦国～』などでも紹介された。
早雲寺 DATA P44

彫刻の森美術館【ハチミツとクローバー】

美術大学に通う学生たちの青春ドラマ。彫刻科に在籍する森田忍（成宮寛貴）が、契約書にサインをした場所として登場する。
彫刻の森美術館 DATA P52

アルベルゴ バンブー【謎解きはディナーのあとで】

東川篤哉の同名小説をドラマ化。第4話で、主役宝生麗子の友人、沢村有里の屋敷の外観として使用された。
アルベルゴ バンブー DATA P92

祭り・イベント

国民的なスポーツイベントから、古くから受け継がれる伝統行事まで、箱根の一年はバラエティ豊かです。

1月2・3日 箱根駅伝

東京・箱根間を2日間かけて往復する。みどころは、標高差800mを超える箱根の峠を駆け抜ける往路5区と復路6区。(MAP)P141B4(箱根駅伝栄光の碑)
※事故防止のためマナーを守って応援しよう

2月3日 節分祭追儺式(ついなしき)

箱根神社で行われる節分祭。坂田金時や御年役の人々が、神社で福授の豆まきや芦ノ湖上で打豆を行う。
箱根神社 (DATA) ☞P82

7月31日 湖水祭

芦ノ湖の守り神、九頭龍大神を崇める祭り。宮司が湖心に御供物を供える。湖畔では花火大会なども行われる。
箱根神社 (DATA) ☞P82

8月16日 箱根強羅温泉大文字焼

100年以上続く伝統行事。明星ヶ岳の中腹に、「大」の火文字が赤々と浮かび上がり、花火が打ち上げられる。
☎0460-82-2300(箱根強羅観光協会) (住)箱根町強羅 (MAP)P132C2

11月3日 箱根大名行列

華やかな大名行列が旧東海道を練り歩き、江戸時代の参勤交代を再現する。開催内容の詳細は要問合せ。
☎0460-85-7751 (箱根湯本観光協会)
(住)箱根町湯本 (MAP)P135E3

花

箱根を彩る季節の草花。ツツジやアジサイ、ススキなど、その土地ならではの風景に会いに行きましょう。

3月下旬～4月下旬 ミズバショウ

箱根湿生花園(☞P74)などで観賞できる、大きな白い苞(ほう)をつける多年草。

4月上～下旬 桜

早川堤(☞P118)や、箱根登山電車の大平台駅付近のしだれ桜などが名所。

5月上～中旬 ツツジ

赤やピンク、紫色の花々がカラフル。ホテルなどの庭園に咲く(☞P118)。

6月上～中旬 サンショウバラ

神山や駒ヶ岳周辺などに咲く花。箱根湿生花園(☞P74)でも見られる。

6月中旬～7月中旬 アジサイ

箱根の初夏の風物詩。箱根登山電車沿線(☞P40)など各所で咲き誇る。

7月中～下旬 ヤマユリ

大きな香り高い花をつける。県立恩賜箱根公園(☞P88)などで見られる。

10月上旬～11月中旬 ススキ

イネ科の多年草で秋の七草のひとつ。仙石原のススキ草原(☞P119)が有名。

服装の目安

箱根湯本の気候は、東京とあまり変わらないですが、山の上のエリアは、箱根湯本からマイナス5℃が目安です。

春 (3～5月)

まだまだ肌寒い日も多いので、上着を持って出かけるのが安心。●箱根湯本の平均気温：14.1℃

夏 (6～8月)

初夏は薄手の上着があると便利。真夏は30℃近くになる日もある。●箱根湯本の平均気温：24.8℃

秋 (9～11月)

一年のなかでも降水量が多い。突然の雨には携帯傘などで対応しよう。●箱根湯本の平均気温：18.0℃

冬 (12～2月)

朝晩の冷え込みに注意。仙石原や芦ノ湖はぐっと冷え込むので注意して。●箱根湯本の平均気温：7.7℃

※平均気温は箱根町2020年データ

箱根のおいしい湧水

豊かな自然が生み出す箱根の湧水は、ホテルや旅館の料理や、和菓子作りなどに利用されるほどキレイです。

強羅 嬰寿の命水(えいじゅのめいすい)

強羅の詩詩本店☎0460-82-2465の前に引かれた水。(MAP)P136C1

強羅 佳山水(かさんすい)

和の宿 華ごころの敷地に湧く神山の伏流水。(MAP)P136A2

芦ノ湖 箱根磐境の水(はこねいわさかのみず)

和心亭 豊月に湧くミネラルを豊富に含んだ水。(MAP)P141B1

大平台 姫の水(ひめのみず)

小田原城の姫が化粧に使ったとされる。(MAP)P137F4(個人宅敷地内)

旅のエトセトラ ● 箱根の知っておきたいエトセトラ

読めば納得！
箱根の温泉エトセトラ

知っておきたい温泉の基本から、効果的な入浴方法まで、
これをマスターすれば箱根の温泉選びはもう迷いません。

温泉情報は
☞P28 も
参照して
ください

温泉とはどんなもの？

温泉法に基づき、以下の2つのうち、どちらかが満たされているものが温泉とよばれます。

❶ 地中から湧出する25℃以上の温水、鉱水または水蒸気そのほかのガス。

❷ 温度が25℃以下でも19の成分の条件が規定値を満たしているもの。

温泉の作用とは？

温泉地に行くと生活環境が変わり、ストレス解消やリフレッシュ効果などさまざまな効果があります。

【温熱作用】
40℃以下のぬるめの湯にはリラックス効果、42℃以上の湯には緊張興奮の「交感神経」を刺激する作用があります。

【水圧作用】
静水圧によってマッサージ効果が得られます。血流を促し、身体のむくみやだるさが解消できます。

【浮力作用】
水のなかに首まで浸かると、体重は10分の1になり、身体が動かしやすくなります。水の抵抗力で筋力強化にも。

【化学的作用】
温泉に含まれる成分を皮膚から吸収することで、効果が期待できます。

温泉の効果

温泉分析書は細かすぎて、どう理解したらいいのか分からない！という人でも温泉分析書に書かれているpH値はチェックしましょう。

【pH値は数値をチェック！】
pH値8.5以上はアルカリ性、ph3未満は酸性です。

すべ
すべ ┃ アルカリ性とは ┃

肌の角質を落として肌をすべすべにする作用があるといわれています。

ここに行きましょう
湯本、塔之沢、小涌谷、芦ノ湖

引き
締め ┃ 酸性とは ┃

肌を引き締めて、キメを整える効果があるといわれています。また殺菌効果も期待できます。

ここに行きましょう
強羅、仙石原

❀ 温泉の疑問にお答えします ❀

Q. 温泉効果を持続させるポイントは？
A. 上がり湯で洗い流さないのがベターです

温泉成分は皮膚から浸透します。上がり湯で流してしまうと、肌についた温泉成分が浸透する前に流されてしまいます。また、保湿効果のある温泉では効果が半減してしまいます。

Q.100％源泉かけ流しってどういうこと？
A. 加水や加温、循環ろ過などしていない温泉です

湧き出た温泉を、薄めたり、沸かしたり、循環ろ過したりせず、浴槽に注ぎ、あふれた湯をそのまま排出しているのが、「100％源泉かけ流し」。人工的に手を加えない自然のままの温泉です。

Q.1日に何回入るといいのでしょう？
A. 1日の入浴は、1〜3回までにしましょう

温泉は入れば入るほどいい……というものではありません。1日の入浴回数は1〜3回、特に、初日は1〜2回に留めておきましょう。1回の入浴は3〜10分。額に汗をうっすらとかく程度が目安です。

温泉校閲：野添 ちかこ（温泉ソムリエ）

温泉の泉質

温泉分析書で泉質と
pH値をチェック！

♨塩化物泉

ぽか ぽか 冷え性の人に
ピッタリなお湯はコレ

塩分が肌表面をコーティングするので、保温効果と保湿効果が高いのが特徴。なめると塩辛い湯が多く、塩の殺菌効果で傷にもよい。また、身体を温める効果が長時間続くため「熱の湯」ともよばれる。

ここに行きましょ 湯本、宮ノ下、強羅、底倉

♨硫黄泉

血流 UP 血流UPと 白 美白したい人に
ピッタリなお湯はコレ

毛細血管の拡張作用があり、血液の流れを改善、解毒殺菌作用も。便秘解消などのデトックス効果、お湯に浸かれば美白効果が期待できる。ゆで玉子のような匂いがする硫化水素型の硫黄泉は、黄白色や緑白色のにごり湯となる。

ここに行きましょ 湯ノ花沢、芦之湯

♨単純温泉

すべ すべ やさしいお湯がお好みの人に
ピッタリなお湯はコレ

無色透明。身体にやさしく、湯あたりしにくい泉質なので、赤ちゃんからお年寄りまですすめられる。刺激が少ないので、病後のリハビリに最適。pH8.5以上のアルカリ性単純温泉は、すべすべする感触の「美肌の湯」。

ここに行きましょ 湯本、塔之沢、木賀

♨炭酸水素塩泉

つる つる 古い角質を落としたい人に
ピッタリなお湯はコレ

ナトリウム - 炭酸水素塩は重曹の成分が古い角質を乳化させて汚れを落とす効果があり、肌表面がつるつるになる。また、カルシウム - 炭酸水素塩泉とマグネシウム - 炭酸水素塩泉は痛みを和らげる鎮静作用もあるといわれている。

ここに行きましょ 姥子、二ノ平、湖尻

♨硫酸塩泉

潤 アンチエイジングしたい人に
ピッタリなお湯はコレ

硫酸イオンがお肌に水分をたっぷり補給し、ハリと潤いを与える若がえりの湯。カルシウム - 硫酸塩泉は、乾燥肌のかゆみを抑え、石膏成分が皮膚に付着するので、入浴後はさらさらに。ナトリウム - 硫酸塩泉は保温効果大。

ここに行きましょ 湯本、二ノ平、強羅、姥子、仙石原、蛸川

最近注目の「メタケイ酸」とは？

コラーゲンの生成を助けて、肌をみずみずしく保ち、肌のキメを整える作用がある成分で、入浴剤や化粧水にも使用されている。

● 温泉に正しく入るために覚えておきましょ ●

飲酒後の入浴は要注意です
飲酒直後は血管が拡張し大量の血液が体中を巡っています。さらに血行をよくするお湯に浸かると脳への血流が減少し、身体に負担がかかり要注意です。

入浴の前後に水分補給を
入浴すると汗をかき、血液が濃縮されます。入浴前に血液をサラサラにしておくことが大事です。たっぷり水分をとれば、温泉成分も体内を上手に循環、温泉効果もUP。また湯上がり後も、水分補給をしましょう。

入浴前には「かけ湯」を
熱いお湯に入る前は、よく「かけ湯」をしましょう。足先など心臓から遠い部位から徐々に湯をかけて、身体を湯温に慣らしてから入浴しましょう。

入浴時間は徐々に長く
入浴温度によって異なりますが、初めは3〜10分、慣れるにしたがって入浴時間を延長しましょう。1日目は温泉に身体を慣らす程度に。ダイエットのために無理して長湯するのも禁物です。

---

pH値とは、水素イオン濃度指数のことで、酸性〜アルカリ性の度合いを示す数値のことです。

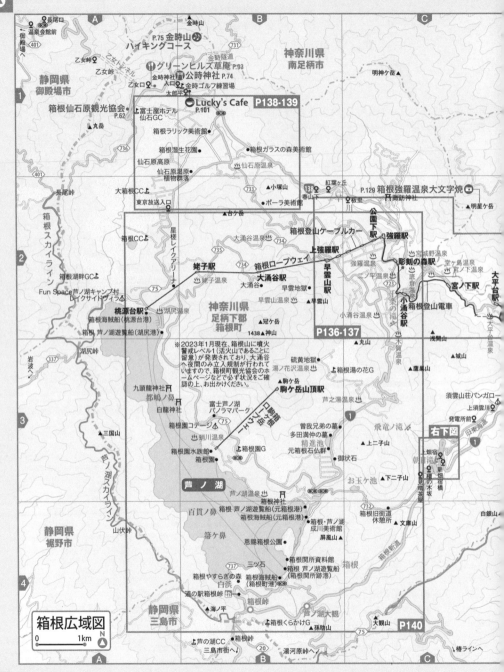

箱根広域図

0　　　1km

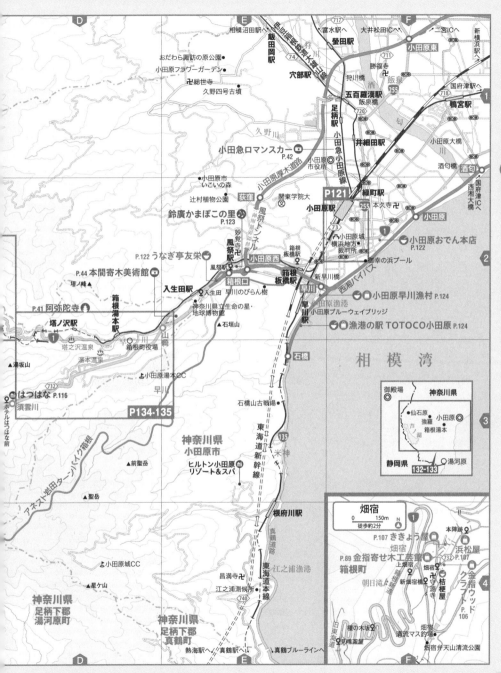

相模沼田駅
飯田岡駅
相模湾
御殿場　神奈川県
仙石原　強羅
箱根　小田原
箱根湯本
静岡県　湯河原

P.42 小田急ロマンスカー

鈴廣かまぼこの里 P.123

P.122 うなぎ亭友栄

P.44 本間寄木美術館
入生田駅

P.41 阿弥陀寺
塔ノ沢駅
塔之沢温泉
湯本温泉

はつはな P.116

P134-135

神奈川県
小田原市

ヒルトン小田原
リゾート&スパ

P121

小田原駅

小田原おでん本店 P.122

小田原早川漁村 P.124
小田原漁港
小田原ブルーウェイブリッジ
漁港の駅 TOTOCO小田原 P.124

神奈川県
足柄下部
湯河原町

神奈川県
足柄下部
真鶴町

132-133

畑宿
0　150m
徒歩約2分

P.107 ききょう屋
本陣跡
畑宿
浜松屋 P.107
P.89 金指寄せ木工芸館
箱根町
金指ウッドクラフト
P.106

畑宿
清流マス釣場
畑宿弁天山清流公園

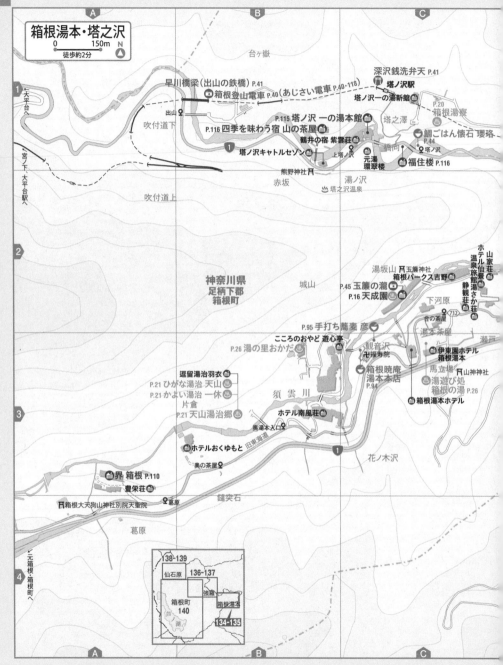

D E F

1

小田原、入生田駅へ
小田原へ
小田原・箱根口へ
●山崎

茶ノ花

三枚橋
三枚橋
三枚橋 東三枚橋
早川
前田
●三枚橋発電所

箱根湯本駅
箱根湯本駅

町立郷土資料館
●箱根町役場
732
下宿
後山

🍴木のぴーハウス P.44

温泉場入口
熊野神社

ホテル明日香
神明町

湯本小
下図
湯本郵便局
●箱根湯本局

2

弥栄館
喜仙荘
マイユクール祥月
早雲公園前
白山神社

旅籠きんとうえん
曽我堂上
正眼寺
上町
あうら橋
箱根 花紋

養生館
はるのひかり
石垣神社
箱根 新道
仲町

中茶屋

湯本温泉

3

箱根湯本駅

P.37 箱根カフェ
P.37 おいものおみせ 箱根おいも大学前
P.37・105 箱根の市
箱根SAGAMIYA P.45
箱根町総合観光案内所 P.34・76
ピコット 湯本駅前店 P.103
P.38 箱根てゑらみす
箱根大名行列 P.129
見晴荘
人力車 海風屋 P.44
P.45 田雅重
菊川商店 P.45
cafe Timuny. P.39
P.104 まんじゅう屋 菜の花
麺処彩 P.39
丸嶋本店 P.45
P.45 竹いち
P.38 料理茶屋花さがみ
村上二郎商店 P.45
ひより箱根湯本店 P.45
P.22 湯本富士屋ホテル

塔ノ沢へ
塔ノ沢へ
箱根登山電車
喫茶
ユトリロ
箱根水明荘
808 Monsmare P.39
P.44 はこね中村家
箱根焙煎珈琲 P.45
湯葉丼の店 直吉 P.97
天然温泉ご入浴 休憩処 和泉
箱根縁結び 福久や 九頭龍餅 P.39
ますとみ旅館
知客茶家
P.97
田原レンタカー
ちもと 駅前通り店 P.104
萬翠楼 福住
茶のちもと P.38
熊野神社
茶房うちだ P.101
ホテル河鹿荘
箱根道中 弥次喜多の湯
はつ花そば本店 P.94
白石下
早川
豆腐処萩野 P.97
箱根かれー 心 P.44
湯本小

P.23 吉池旅館

P.44・128 早雲寺

4

ステーキハウス吉池 P.44

箱根湯本駅周辺
0 75m
徒歩約1分

D E F

135

宮ノ下・強羅

0 150m
徒歩約2分 N

N 仙石原へ

ニコライ バーグマン
箱根 ガーデンズ

ニコライ バーグマン
箱根 ガーデンズ P.60・118
こもれび坂

P.110 箱根本箱

P.117 ハイアット
リージェンシー 箱根
リゾート&スパ
P.25 スパ IZUMI

箱根 円かの杜
P.111

佳山水 P.129
和の宿 華ごころ

ホテル 上強羅駅
佳山水

早雲山駅

白湯の宿
山田家

強羅花扇

cu-mo箱根 P.57

大雄山箱根別院
報恩院

P.118 早川堤の桜

神奈川県企業庁早川発電所へ

ふふ箱根

箱根マイセン
アンティーク美術館

ひめしゃら
林道入口

ホテルマロウド箱根 P.60

P.23 桐谷箱根荘

箱根強羅温泉
楽々花

箱根強羅旅館
香音-Kanon-

ラフォーレ倶楽部
箱根強羅湖の棲

東明寺

強羅

ITOH DINING by NOBU P.93

箱根登山
ケーブルカー

中箱根美術館
強羅 P.60

玄 箱根強羅 P.119 紅葉

強羅花扇

中強羅入口

須沢

みどりの村
入口

P.113 箱根料理宿 弓庵

ヴェルデの森

山玉神社

天悠

P.30 箱根小涌園 コネッサン

P.95 蕎麦 貴賓館

P.112 箱根小涌園 天悠

P.50 岡田美術館

P.111 箱根小涌園 三河屋旅館

公園下駅

公園上駅

翠光館

箱根美術館
強羅公園

P.40・54 箱根強羅公園

P.118 苔庭

スイートヴィラ
箱根強羅

P.115 箱根 ゆとわ

P.61 餃子センター

箱根ゆとわ邸

山路 P.60

自然薯農家レストラン
山薬 宮城野本店 P.98

BOX BURGER P.60

明神平
仙石原へ

宮城野案内所前

宮城野
案内所前

箱根宮城野局

箱根の森小

P.60 リバーサイド キッチン&バー

宮城野浄水センター

ホテルインディゴ箱根強羅

箱根町宮城野木賀観光協会

COFFEE CAMP P.60

箱根強羅・
観光協会 P.46

強羅駅

嬰寿の命水 P.129

川向

P.61 天翠茶寮

箱根写真美術館 P.60

翠光館

箱根銀豆腐 P.61

田むら銀かつ亭 P.96

銀かつ工房 P.723

木賀坂下

強羅 花詩 P.61

箱根・強羅 佳ら久 P.113

スタジオカフェ・シマ P.55

強羅環翠楼

箱根の森のパンケーキ P.61

強羅花壇

櫻休庵 別邸 凛

木賀

宮城野温泉

木賀の里

ヲツソバ

彫刻の森駅

彫刻の森駅

箱根中

彫刻の森

P.52・128 彫刻の森美術館

KKR 箱根
宮の下

新田神社

二ノ平温泉

二の平

二の平入口

箱根町社会教育センター図書室

二の平
入口

小涌谷温泉

箱根小涌園

小涌園前

箱根ホテル小涌園
(2023年7月12日オープン予定)

箱根小涌谷温泉 水の音 P.116

蓬莱園のツツジ P.118

箱根小涌園 美山楓林

千條旅館

蓬莱園

蛇骨野

小涌谷駅

箱根町
消防本部

小涌谷駅

小涌谷

千条の滝

元箱根へ

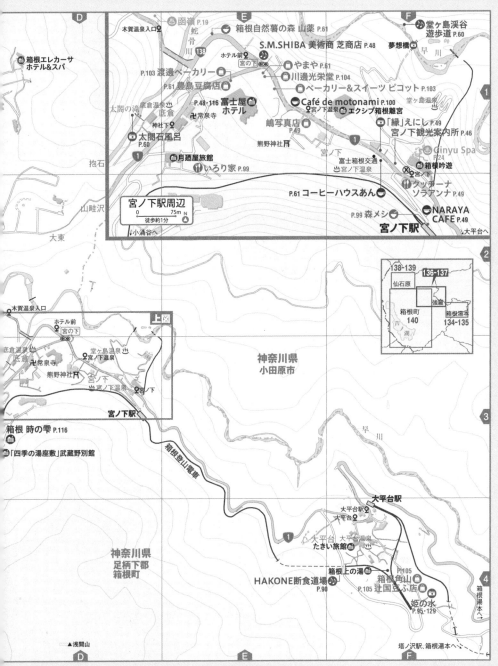

箱根エレカーサ
ホテル&スパ

函嶺 P.19
木賀温泉入口
蛇骨川
138
ホテル前
宮ノ下

箱根自然薯の森 山薬 P.61
S.M.SHIBA 美術商 芝商店 P.48
夢想橋

堂ヶ島渓谷
遊歩道 P.60
早川

P.103 渡邊ベーカリー
P.61 豊島豆腐店

やまや P.61
川邊光栄堂 P.104
ベーカリー&スイーツ ピコット P.103

太閤の滝
底倉温泉
底倉

P.48・116 富士屋ホテル
常泉寺

Café de motonami P.100
宮ノ下温泉
エクシブ箱根離宮

堂ヶ島温泉

神社

太閤石風呂
P.60

嶋写真店
P.49

「縁」えにし P.49
宮ノ下観光案内所 P.46

Ginyu Spa

熊野神社

宮ノ下

箱根吟遊 P.24

月廼屋旅館
いろり家 P.99

宮ノ下箱根交通
宮ノ下温泉

箱根吟遊

クッチーナ
ソラアンナ P.49

P.61 コーヒーハウスあん

NARAYA
CAFE P.49

P.99 森メシ

宮ノ下駅周辺
0   75m N
徒歩約1分

小涌谷へ

P.99 森メシ
宮ノ下駅

大平台へ

上図
ホテル前
宮ノ下

堂ヶ島温泉
宮ノ下温泉
宮ノ下

底倉温泉
底倉
常泉寺
熊野神社
宮ノ下温泉
宮ノ下

138-139
仙石原

136-137
強羅

箱根町
140

箱根湯本
134-135

神奈川県
小田原市

箱根時の雫 P.116
「四季の湯座敷」武蔵野別館

宮ノ下駅

箱根登山電車

早川

神奈川県
足柄下郡
箱根町

大平台駅
大平台駅
大平台温泉

たきい旅館

箱根上の湯 P.105
HAKONE断食道場 P.90
P.105 辻国豆ふ店
箱根角山 P.105

姫の水
P.95・129

塔ノ沢駅、箱根湯本へ→

箱根湯本へ→

▲浅間山

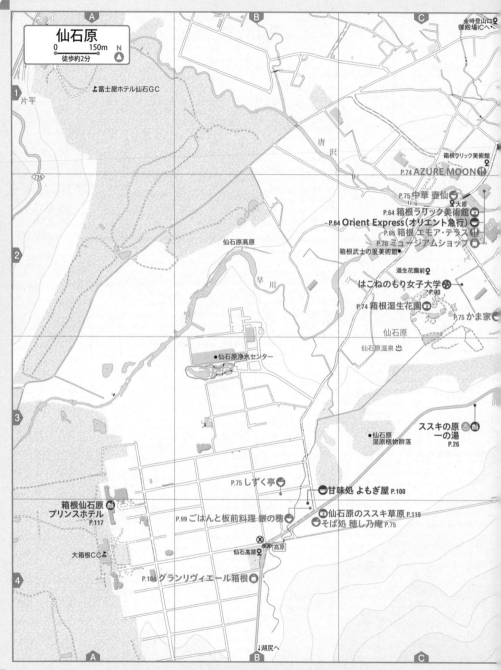

仙石原

0　　　150m　N

徒歩約2分

A　B　C

1　片平

富士屋ホテル仙石GC

唐沢

箱根ラリック美術館
P.74 AZURE MOON

P.75 中華 壼仙

大原

P.64 箱根ラリック美術館
P.64 Orient Express(オリエント急行)
P.66 箱根 エモア・テラス
P.70 ミュージアムショップ

仙石原高原

早川

箱根武士の里美術館

湿生花園前

はこねのもり女子大学
P.90

P.74 箱根湿生花園

P.75 かま家

2

仙石原

仙石原温泉

仙石原浄水センター

3

仙石原
湿原植物群落

ススキの原
一の湯
P.26

P.75 しずく亭

甘味処 よもぎ屋 P.100

箱根仙石原
プリンスホテル
P.117

P.99 ごはんと板前料理 銀の穂

仙石原のススキ草原 P.119

そば処 穂し乃庵 P.75

大箱根CC

仙石高原

高原

P.186 グランリヴィエール箱根

4

A　B　C

↓湖尻へ

D

下向

諏訪神社
長安寺
笹尾

長安寺の
紅葉 P.119

アキヒ沢

沢向

卯花尾

仙石原旅館案内所
仙石原
仙石

箱根 笹とうふ かつまた P.75
仙石原局

NEO BISTRO LE VIRGULE P.93

せりざわ荘

仙石原小
鯰丸

仙石案内所前

相原精肉店 P.105

押出
仙石原小学校前

仙石原永井医院

solo pizza TARO's P.74

湯屋やまざくら
仙石原文化センター前

牛坂
仙石原

箱根リトリート före

川涌の湯
マウントビュー
箱根 P.18

アルベルゴ バンブー P.92・128

仙石窯 P.74

月の花 梟 P.117

じねんじょ蕎麦 箱根 九十九 P.75

仙石原品の木 一の湯 P.27

イルピアチェーレ P.74

アチェロ P.71

品の木
箱根ハイランドホテル

箱根リトリート villa 1/f P.111

俵石

小田急 箱根ハイランドホテル
P.117

ミュージアム・ショップ館 P.71

P.74 ラ・フォーレ

138

カフェ テラッツァ うかい P.69

川向

箱根ガラスの森

箱根ガラスの森美術館 P.68

P.25 スパ ナチュール

俵石・箱根ガラスの森前

大沢向

はこねすし P.75

月桂寺箱根別院

箱根金乃竹茶寮

小塚入口

温泉旅館みたけ

四季倶楽部 フォレスト箱根

仙郷楼前

箱根リハビリテーション病院

リ・カーヴ箱根

きたの風茶寮

台ヶ岳

箱根オーベルジュ 漣-Ren-

仙郷楼

別邸 奥の樹々

金乃竹 仙石原
P.117

四季倶楽部 箱根和の香 P.115

元湯温泉

界 仙石原 P.113

大井平

宮ノ下へ

センチュリオン
箱根別邸

733

小塚山

小塚山

ミュージアムショップ P.70

レストラン・アレイ P.74

カフェ チューン P.66

ポーラ美術館 P.66

強羅へ ポーラ美術館

D

E

F

138-139
仙石原 136-137
強羅
箱根町
箱根湯本
134-135
芦ノ湖
140

1

2

3

4

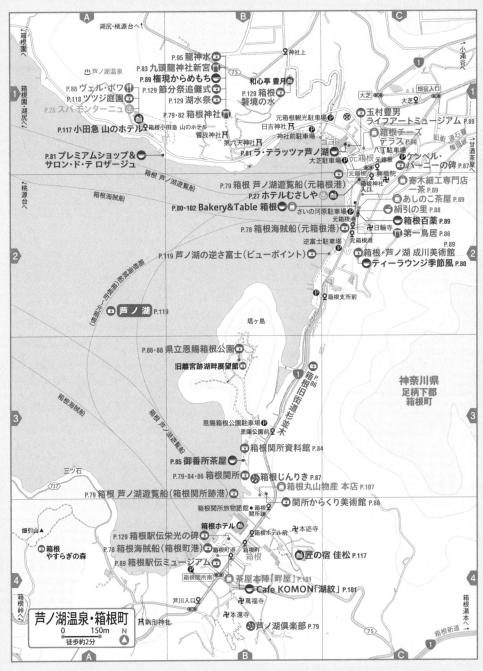

芦ノ湖温泉・箱根町

0　　150m
徒歩約2分

P.95 龍神水
P.83 九頭龍神社新宮
P.89 権現からめもち
P.88 ヴェル・ボワ
P.118 ツツジ庭園
P.25 スパ モンターニュ
P.79・82 箱根神社
P.117 小田急 山のホテル
P.81 プレミアムショップ＆
サロン・ド・テロザージュ

和心亭 豊月
P.129 節分祭追儺式
P.129 湖水祭
P.129 磐境の水

元箱根観光駐車場
日吉神社
神前駐車場
P.81 ラ・テラッツァ芦ノ湖
大芝駐車場

P.79 箱根 芦ノ湖遊覧船（元箱根港）
P.27 ホテルむさしや
P.80・102 Bakery&Table 箱根
さいの河原駐車場
P.78 箱根海賊船（元箱根港）
逆富士駐車場
P.119 芦ノ湖の逆さ富士（ビューポイント）

玉村豊男
ライフアートミュージアム P.89
箱根チーズ
テラス P.89
八丁
P.82 ケンペル・
バーニーの碑 P.87
P.89 寄木細工専門店
一茶 P.89
あしのこ茶屋 P.89
P.88 絹引の里
P.89 箱根百薬
P.86 第一鳥居
P.89
箱根・芦ノ湖 成川美術館
ティーラウンジ季節風 P.80

芦ノ湖 P.119

塔ヶ島

P箱根支所前

P.86・88 県立恩賜箱根公園
旧離宮跡湖畔展望館

神奈川県
足柄下郡
箱根町

恩賜箱根公園駐車場
恩賜公園前
箱根関所資料館 P.84
P.85 御番所茶屋
P.79・84・86 箱根関所
箱根じんりき P.87
箱根丸山物産 本店 P.107
関所からくり美術館 P.88
箱根関所旅物語館 箱根
関所跡
P.79 箱根 芦ノ湖遊覧船（箱根関所跡港）
箱根ホテル
本迹寺
P.129 箱根駅伝栄光の碑
箱根ホテル前
匠の宿 佳松 P.117
畑引山
箱根
やすらぎの森
P.78 箱根海賊船（箱根町港）
箱根町港
P.89 箱根駅伝ミュージアム
三ツ石
茶屋本陣「畔屋」P.101
Cafe KOMON「湖紋」P.101
芦川入口
萬福寺
芦ノ湖倶楽部 P.79
駒形神社
本還寺

箱根新道

箱根

観光見どころ　寺院　神社　プレイスポット　レストラン・食事処　カフェ・喫茶

小田原

ココミル 箱根
関東⑤

2023年3月15日初版印刷
2023年4月1日初版発行

編集人：福本由美香
発行人：盛崎宏行
発行所：JTBパブリッシング
　　　　〒162-8446　東京都新宿区払方町25-5

編集・制作：情報メディア編集部
編集デスク：宮澤珠里
取材・編集：野嵜理佳子／ウランティア（梅澤眞己枝／永田晶子）／
桃青社（西濱良孫）／マイカ（別当律子）／
エイジャ（小野正恵／新聞健介／水沼亜樹／佐藤未来／末松敏樹）／
小川浩之／林みちこ／香山妙子／請川典子／小野澤正彦

アートディレクション：APRIL FOOL Inc.
表紙デザイン：APRIL FOOL Inc.
本文デザイン：APRIL FOOL Inc.
United（福島 巳恵）／沢田恵子／金澤健太郎／
東画コーポレーション（三沢智広）／snow（萩野谷秀幸）
イラスト：平澤まりこ
撮影・写真：加藤義明／戸井田夏子／長谷川朗／山崎亜沙子／四谷工房／
宮地 エ／村岡栄治／ウランティア／舞夢プロ／箱根町立郷土資料館／
関係各市町村観光課・観光協会
地図：ゼンリン／千秋社／ジェイ・マップ
組版・印刷所：凸版印刷

楽しい旅へ出かけよう♪

編集内容や、商品の乱丁・落丁の
お問合せはこちら

JTB パブリッシング お問合せ

https://jtbpublishing.co.jp/
contact/service/